DO MIL AO MILHÃO

THIAGO NIGRO

DO MIL AO MILHÃO

SEM CORTAR O CAFEZINHO

GASTAR BEM | INVESTIR MELHOR | GANHAR MAIS

HarperCollins

Diretora editorial:	RAQUEL COZER
Gerente editorial:	RENATA STURM
Assistente editorial:	MARINA CASTRO
Edição de texto:	MARINA FALEIROS
Preparação:	LETÍCIA FÉRES
Revisão:	MARIANA OLIVEIRA E CAMILA BERTO TESCAROLLO
Projeto gráfico de capa e miolo:	DESENHO EDITORIAL

CIP-Brasil. Catalogação na Publicação
Sindicato Nacional dos Editores de Livros, RJ
Vanessa Mafra Xavier Salgado - Bibliotecária - CRB-7/6644

N593d

Nigro, Thiago

Do mil ao milhão : sem cortar o cafezinho / Thiago Nigro. - 1. ed. -
Rio de Janeiro : Harper Collins, 2018. 224 p. Inclui bibliografia

ISBN 9788595085213

1. Finanças pessoais. 2. Educação financeira. 3. Investimentos.
I. Título.

18-52291 CDD: 332.024
CDU: 330.567.2

HarperCollins Brasil é uma marca licenciada à Casa dos Livros Editora LTDA.
Todos os direitos reservados à Casa dos Livros Editora LTDA.
Rua da Quitanda, 86, sala 218 — Centro
Rio de Janeiro, RJ — CEP 20091-005
Tel.: (21) 3175-1030
www.harpercollins.com.br

Dedico esse livro a todos que estão em busca
da independência financeira, mas ainda estão
trilhando essa jornada. É possível.

SUMÁRIO

09 PREFÁCIO

13 INTRODUÇÃO

23 PILAR 1 – GASTAR BEM

85 PILAR 2 – INVESTIR MELHOR

181 PILAR 3 – GANHAR MAIS

PREFÁCIO

Costumo dizer que as pessoas de sucesso geralmente já erraram muito. Afinal, apenas quem está disposto a se arriscar pode errar e, consequentemente, aprender com os próprios erros. Thiago Nigro é uma dessas pessoas que se arrisca e, muito mais do que isso, busca o aprendizado sempre. Poucas pessoas teriam coragem para enveredar por caminhos desconhecidos e arriscados ainda tão jovens, aos dezoito anos, como ele fez.

Errar ali, ainda no começo de sua carreira no ramo financeiro, foi provavelmente o ponto chave para o seu sucesso. Falhar naquele momento o fez perceber que gostar de algo ou se considerar bom nisso não é o suficiente para se tornar um empresário de êxito. É preciso estudar, conhecer, aprender e praticar todos os dias.

A expertise adquirida por Nigro após essa experiência me fez convidá-lo para palestrar em meu curso Fator de Enriquecimento, que é o maior treinamento de Inteligência Emocional Financeira do mundo. E por que eu trago a ideia de inteligência emocional financeira? Porque não basta ter ou ganhar dinheiro, é preciso saber lidar com ele, considerando os sentimentos, os pensamentos e o comportamento de uma pessoa em relação às finanças. Só assim será possível administrar e multiplicar o dinheiro para ter prosperidade e abundância. E para desenvolver essa inteligência, a primeira coisa a fazer é identificar e, se necessário, mudar a mentalidade que você tem em relação ao dinheiro e aos investimentos.

É preciso mudar essa mentalidade para ensinar as pessoas a começarem a pensar como ricas e, assim, se tornarem verdadeiramente ricas. Afinal, que pensamentos têm impedido você de multiplicar seus rendimentos? Você sabe como investir e se acha capaz de fazer isso? Ou desistiu de suas finanças antes mesmo de começar a organizá-las?

Nesse quesito, o *Do mil ao milhão* se propõe a mudar esses pensamentos limitantes, derrubando o mito de que é preciso ter muito dinheiro para começar a investir e de que apenas alguns são capazes de fazer isso. Desse modo, fiquei muito feliz com o convite para fazer o prefácio desta obra tão rica, essencial para todos que desejam aprender a gerir melhor seus recursos.

Aqui, os leitores vão aprender sobre os três pilares essenciais para quem quer investir e poupar a longo prazo, pois Thiago se utiliza de metáforas e histórias com uma linguagem leve, além de facilitar o entendimento de termos técnicos, para ensinar a "gastar bem", "investir melhor" e "ganhar mais". Seus conhecimentos atingem de forma eficaz àqueles que finalmente perceberam que precisam cuidar do seu dinheiro.

Se você deseja aumentar seu patrimônio através de estratégias de investimento, mas ainda não sabe que ferramentas usar ou como fazer isso, a leitura deste livro é um excelente passo para iniciar essa jornada de enriquecimento sábio e continuado. Você aprenderá com O PRIMO RICO a desenvolver, pouco a pouco, a inteligência financeira que tantos buscam ao longo da vida.

Desejo a você uma boa leitura e os melhores investimentos!

Paulo Vieira
PhD, Master Coach e Presidente da Febracis

INTRODUÇÃO

De 2002 até a crise de 2008, o mercado de ações no Brasil apresentou uma rentabilidade acima de 400%,[1] enquanto no período de 2008 a 2012[2] o mercado de imóveis registrou alta de 124%. Mais recentemente, entre 2011 e 2017, a mais famosa das criptomoedas – o bitcoin – subiu 4.571.712%,[3] ao mesmo tempo que o mercado de capitais voltou a apresentar números positivos e os títulos públicos de longo prazo deram um salto de 100%.

Apesar de índices tão robustos, a maioria das pessoas nem sequer olhou para esses ou outros investimentos similares. Seja por total desconhecimento, seja por medo, os brasileiros preferiram manter sua renda estagnada em aplicações pouco favoráveis ao próprio dinheiro, sendo a mais exemplar a poupança.

Sim, você já deve ter ouvido falar que, por causa dos altos juros da nossa economia, a poupança é o pior lugar para se deixar dinheiro parado. Mesmo assim, ela ainda ganha com enorme vantagem a preferência dos poupadores do Brasil, contabilizando um saldo superior a 700 bilhões de reais em 2018 – apesar de seu rendimento bruto ter sido de pouco mais de 70% na última década,[4] bem menor se comparado a outros investimentos.

Já a Bolsa de Valores de São Paulo – a B3 – chegou a 2018 com pouco mais de 600 mil investidores,[5] o que representa apenas 0,3% dos brasileiros, e saldo de 187 bilhões de reais. O Tesouro Direto,[6] renda fixa das mais seguras e de simples acesso, registrava em janeiro de 2018 o total de 572.182 aplicadores ativos e um estoque minúsculo de 47,2 bilhões de reais.

Passando dos números à vida cotidiana, esses dados mostram, de maneira crua e realista, que boa parte dos brasileiros ainda tem feito escolhas inapropriadas para remunerar seu capital. Oportunidades de escalonar ganhos – "fazer o seu dinheiro trabalhar por você", no batido jar-

---

1 Índice Ibovespa (B3, 2018).

2 (FipeZap, 2018).

3 (Buy Bitcoin Worldwide, 2018).

4 (Banco Central, 2018).

5 (B3, 2018).

6 (Tesouro Direto, 2018).

gão das finanças – foram deixadas de lado, pois o dinheiro foi guardado de forma pouco rentável.

Isso significa que, no longo prazo, o brasileiro está deixando de fazer seu montante, pequeno a princípio, gerar ganhos com juros compostos. Na prática, o que você deixou de receber poderia garantir uma aposentadoria antecipada, aquela viagem dos sonhos, ou até mesmo a compra de um imóvel sem a necessidade de financiamento integral.

COMPARATIVO DE RENDIMENTOS

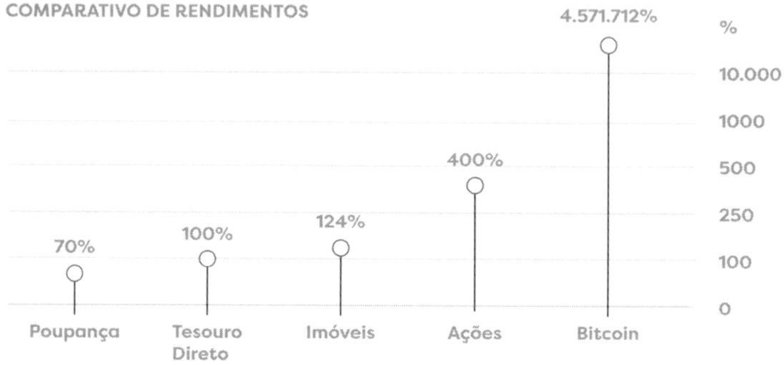

No gráfico a seguir, podemos ver em ganhos reais a diferença que isso faria no seu bolso, no caso de uma aplicação hipotética inicial de 1 mil reais, considerando investimentos no intervalo de tempo em que apresentaram maior rentabilidade:

QUANTO RENDERIAM R$ 1.000,00?

NOTA: Os rendimentos apresentados ocorreram em intervalos de tempo variados, aproveitando ciclos de altas, apenas para fins de comparação. O período correspondente à poupança é de 2007-2017; ao Tesouro Direto, 2011-2017; a imóveis, 2008-2012; e a ações, 2002-2008. O bom investidor deve estar atento à melhor aplicação disponível no momento, mudando sua estratégia ao longo do tempo.

Ganhos gerados de investimentos podem variar muito conforme o perfil do aplicador, que pode ser mais audacioso ou mais conservador. O grande problema é que, na maioria das vezes, a aversão ao risco, aliada à falta de conhecimento, faz os que se consideram investidores – mas, na verdade, são apenas especuladores – caminharem na direção oposta à que deveriam. Eles entram em mercados no momento de alta e os deixam na baixa, acumulando prejuízos assustadores e reforçando a crença de que investir bem não é coisa para amadores ou deve ser feito apenas por profissionais.

Infelizmente, a imensa maioria das pessoas no Brasil cresceu sem ter recebido noções de educação financeira, seja informalmente, no núcleo familiar, ou formalmente, na escola ou faculdade. Geração após geração, o brasileiro se tornou pouco poupador e nada habituado a observar os próprios gastos, deixando tudo para depois, inclusive a busca por conhecimento básico sobre finanças e investimentos. O brasileiro se acostumou a ser mal remunerado, seja recebendo salários baixos ou rendimentos desfavoráveis oferecidos pelos bancos, e a achar que isso é normal, que não pode ser diferente.

Grande parte dessa falta de cuidado com o dinheiro advém dos problemas econômicos enfrentados pelo Brasil há décadas. A instabilidade financeira e política, associada às altas taxas de inflação, fez com que planejar o futuro fosse algo muito difícil e que previsões falhassem com frequência diante de tanta volatilidade. Se analisarmos a taxa média de inflação do Brasil desde os anos 1930, notaremos que mesmo em períodos recentes, como a partir de 2010, o índice variou de 2,97% (em 2017) a 10,67% (2015).[1]

Somado aos problemas inerentes à economia de nosso país, há um sistema formatado para fazer você crer que ser rico é complicado demais, quase impossível para uma pessoa comum. São siglas complexas, tarifas encobertas pelos bancos, impostos que variam de acordo com cada operação, instabilidade político-econômica que a todo momento ameaça mudar as regras do jogo, falta de perspectiva profissional e visão imediatista, além de tantos outros fatores.

Esse mesmo sistema tem feito milhares de pessoas acreditarem que apenas algumas mentes brilhantes – de preferência que representem alguma instituição de grande porte – sabem lidar com dinheiro e somente elas podem indicar os melhores investimentos. O seu gerente

1 (IBGE, 2018).

de banco tem metas a cumprir e bônus a receber, mas você ainda confia que ele, atuando em um país com um dos maiores *spreads* bancários[1] do mundo, oferece a você bons produtos financeiros.

Apesar de embrionário, o ambiente de investimentos brasileiro – assim como em outros países em desenvolvimento – está em ebulição, com empresas focadas em análises de ações, indicação de carteiras e fundos, surgindo não só nas grandes capitais, mas inclusive em cidades do interior. Diante de uma profusão de ofertas e exposto a campanhas de marketing, é comum que o cidadão ainda inexperiente se sinta perdido e confie seu dinheiro a esses profissionais ao fazer o primeiro investimento fora da poupança, acreditando na promessa de lucros milagrosos. A verdade, entretanto, é que não existe assessoria isenta no mercado de capitais. Saber escolher por si só onde é melhor aplicar seu dinheiro garante um retorno de capital sempre muito mais atrativo.

Parece complicado, mas **O PRIMO RICO** está aqui para ajudar na sua tomada de decisão, com a meta de eliminar os ruídos provocados pelos mais diversos tipos de pretensos "vendedores de sonhos". Posso adiantar que não são operações diárias de alto risco, muitas vezes calcadas em ativos complexos como os derivativos,[2] que vão fazer você ficar rico mais rápido. Voltar-se para fundos de risco pulverizado e gerenciados com interesses que você, como cliente, vai sempre desconhecer também não garantirá as maiores rentabilidades.

Mas e se eu disser que ser rico não é difícil, apenas trabalhoso?

É esse o grande mote que levou à criação do meu projeto **O PRIMO RICO**. Primeiro com um portal voltado para finanças e depois, em

1 Diferença entre o custo de captação de dinheiro pelo banco e o custo que ele cobra para conceder empréstimos aos seus clientes (Banco Mundial, 2018).

2 Contratos de alto risco que derivam a maior parte de seu valor de um ativo subjacente, taxa de referência ou índice.

2016, com o lançamento de um canal no YouTube, focado em quebrar paradigmas do mundo financeiro e falar de dinheiro de forma direta e descomplicada.

Nascido no meio digital, o canal **O PRIMO RICO** acumulou muito mais do que 20 milhões[1] de visualizações em dois anos de existência. Ele escutou demandas, interagiu, percebeu interpretações erradas sobre o mundo das finanças e pôde reagir conforme a necessidade de seu público. Não existe nele receita mágica para o sucesso ou criação de novos mitos. O que ele faz é depurar conteúdo de educação financeira, de forma a torná-lo mais acessível e coerente para a realidade brasileira.

A própria criação da marca **O PRIMO RICO** parte de um conceito muito familiar e simples – o de que em toda família há um primo rico, e ele pode ser você. Na grande comunidade que formei nas mais diversas plataformas digitais, todos nos tratamos como "primos" abertos a trocar experiências, falhas e acertos. Torcemos pelo sucesso do outro e acreditamos que disseminar conhecimento sobre finanças faz bem não só para nós mesmos, mas também para nossa família, nossos amigos e toda a sociedade.

E o ponto de partida para tudo isso foi minha própria vida, os desafios e a dor que a falta de dinheiro imputou a mim e a meus familiares, e como foi possível reverter minha própria história para o sucesso financeiro.

Entrei no mundo dos negócios aos dezessete anos, com 5 mil reais no bolso, recebidos de meus pais, e a prepotência de achar que poderia dominar o mundo. Investi tudo em ações, mas sem estudo e preparo. Falhei em minha primeira tentativa e rapidamente perdi todo meu capital. Meu erro, no entanto, em vez de acabar com minha vontade de enriquecer, me fez querer entender ainda mais se havia alguma espécie de código secreto para a riqueza. Por que alguns conseguiam? E como conseguiam?

Mergulhei de cabeça nos estudos e, ainda aos dezenove anos, acumulei cinco certificações em investimentos. Aos 22, estava à frente de meu próprio escritório de assessoria de investimentos, que ao longo de cinco anos reuniu uma equipe com quase cinquenta profissionais e somava mais de 5 mil clientes cadastrados.

---

1 (Social Blade, 2018).

Até minha saída do negócio, em abril de 2017, a M. Nigro Investimentos havia movimentado 2 bilhões de reais de patrimônio declarado e acumulado mais de 500 milhões de reais sob custódia.[1] Nada mal para quem, poucos anos antes, era um estudante universitário sem qualquer relação com a área de economia e começava a juntar seus primeiros trocados fazendo bicos como garçom.

Assim como aconteceu comigo, acredito que qualquer pessoa pode alcançar a riqueza estudando, entendendo o básico de finanças e deixando para trás uma série de preceitos. Fomos programados para acreditar que a riqueza é privilégio de poucos, que ela só é conseguida com muito esforço – não com mérito – e muita sorte. Mas nem tudo isso é verdade.

A minha proposta aqui é simples e direta: ensinar você a gastar bem, investir melhor e ganhar mais. Com o apoio desse tripé conceitual, você pode começar a dar seus primeiros passos. Ou então aprimorar conceitos sobre investimentos e mercado financeiro, que de alguma forma pareciam muito complicados para ser colocados em prática sem que um profissional especializado fornecesse coordenadas. A meta deste trabalho é fazer com que qualquer pessoa, não importa a formação acadêmica, conheça e comece a explorar uma série de noções e ferramentas que podem ajudá-lo a sair do mil e chegar ao milhão, sem precisar cortar o cafezinho.

Isso quer dizer que, apesar de ser necessário fazer alguns sacrifícios no presente, com foco na renda futura, privações precisam de efetividade. Não podemos desprezar pequenos gastos recorrentes, mas também não dá para acreditar que ficaremos ricos ao poupar um real aqui e cinco ali. Porém, talvez economizaremos 5 mil reais ao fazer a opção pela compra de um carro usado, deixando de lado a vaidade de retirar um novo direto da concessionária.

Assim como nossos ganhos, precisamos potencializar nossas economias e fazer com que elas tenham escala. Dessa forma, a vida do poupador não vira um martírio, e os resultados se tornam muito mais claros desde o presente.

Neste caminho em busca do enriquecimento, adianto que será muito importante renunciar ao equilíbrio e à mediocridade. Não existe

1 Jargão de mercado que indica o quanto em dinheiro os clientes têm investido em determinada instituição financeira ou corretora.

grande salto com medidas comedidas. Você não sairá da média se estiver trabalhando como a maioria das pessoas, mesmo que seja um funcionário exemplar, cumpra seus horários e as tarefas que lhe pedem. Isso nada mais é do que o mínimo que esperam de você ao lhe darem um emprego.

Nos momentos certos, é preciso partir para os extremos. Um atleta de alto rendimento não consegue uma medalha olímpica realizando um treino de força comum. Ele foge do padrão e muitas vezes adota práticas não consideradas saudáveis em troca de performance. Em um de meus estudos sobre a riqueza, visitei a casa do campeão olímpico de natação Cesar Cielo e pude comprovar como isso se dá na prática.

Ele demonstrou ser uma pessoa simples, mas com foco extremo em seus objetivos. Quando fomos comer, em vez de montar um prato normal e escolher o que tinha vontade naquela hora, ele se serviu com uma quantidade de comida muito acima do normal, com alimentos escolhidos a dedo para suprir de maneira correta sua grande necessidade de energia para os treinos. Toda a rotina dele é voltada para aquela disputa de segundos na piscina, na qual todo preparo, tecnologia, força e métodos devem ser aplicados. Ele relatou seus preparativos para campeonatos e grandes competições. Um atleta que chega a esse patamar treinou muito além do normal para obter os melhores resultados.

Na nossa vida, é a mesma coisa. Não conheci pessoa que enriqueceu sem trabalhar muito mais do que seus pares e que não fosse intenso em suas ações. O esforço delas, porém, continha valor agregado, foi feito com inteligência.

Ninguém deve trabalhar doze horas por dia apenas em troca de um salário limitado. Se fosse assim, os operários de fábrica mais produtivos seriam os mais ricos da indústria. E isso não acontece, pois o mundo real troca essas pessoas por máquinas, premia apenas por resultado, sem reverenciar o esforço que não traz recompensa.

SEIS SACRIFÍCIOS PARA SER RICO

1. Sacrificar o conforto presente
2. Sacrificar o equilíbrio
3. Sacrificar a mediocridade
4. Sacrificar a vontade de ser querido
5. Sacrificar a fragilidade
6. Sacrificar o perfeccionismo

Por isso, quem está em busca do enriquecimento deve entender que será difícil agradar a todos. Ninguém que ultrapassa limites alcança a unanimidade, pois sempre haverá quem questione seu sucesso, diga que você não merece o que recebeu, que todas as suas conquistas foram por pura sorte. Será preciso filtrar os comentários para identificar quais críticas são construtivas.

Com a fragilidade posta de lado, transformamos as adversidades em progresso, pois grandes saltos nunca acontecem em um ambiente cômodo e controlado. Assim como nas relações humanas, só conhecemos de verdade quem está ao nosso lado nos momentos extremos e de grande pressão, e é nessa hora que afloram as vulnerabilidades, mas também a força. Na economia, é na crise que os setores melhoram sua governança e seu controle, cortam custos e criam medidas de segurança. Empresas, assim como pessoas, tornam-se antifrágeis – conceito que entenderemos melhor nas próximas páginas – em ambientes hostis.

Sabendo disso, podemos deixar de lado a ilusão de que tudo será perfeito. Não somos infalíveis, não dá para acertar em tudo, ainda mais quando é a primeira vez que tentamos algo novo. Quem acredita que sua trajetória será 100% limpa e sem falhas está fadado ao fracasso. Os mercados são voláteis, as pessoas mudam de ideia, o futuro é imprevisível. Quem fica muito tempo parado apenas planejando pode estar deixando de ver as mudanças acontecendo na porta de casa.

O erro, acredite, está entre você e o sucesso, e não no lado oposto a ele. É quase sempre nos deslizes que temos a grande chance de encontrar o caminho correto, aparando arestas e corrigindo rotas.

E aí, primos e primas, estão prontos? Então, vamos lá.

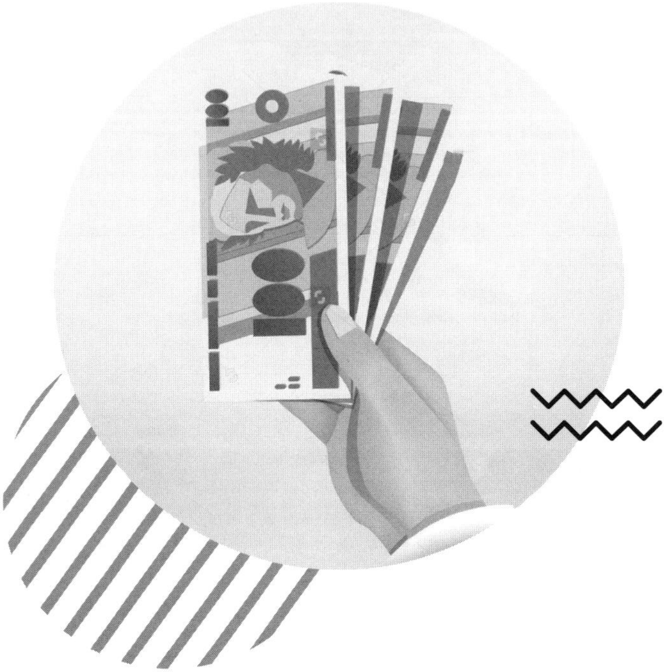

PILAR 1

GASTAR BEM

Fique rico, mas não agora

Quando alguém sedentário decide se matricular em uma academia, geralmente está muito animado para mudar sua rotina de exercícios de maneira radical, com a meta de entrar em forma o mais rápido possível. Antes mesmo de pisar na esteira, vai à loja de esportes e compra um tênis novo, pesquisa na internet sobre aquele cara famoso que perdeu vários quilos, passa no supermercado e enche a despensa de comida leve e saudável.

Ao marcar o primeiro treino, ele escuta a pergunta do professor:

— Quantos dias por semana você pretende vir à academia? Assim preparo um programa focado em suas necessidades.

— Todos os dias, claro! E pode indicar um treino bem pesado, por favor.

— Ah, tá... – responde com um sorrisinho irônico o professor, que conhece bem esse tipo de aluno.

Ele não dá a mínima para o que o aluno pediu e entrega uma planilha com apenas três dias de exercícios leves por semana. Mas o aluno está empolgado, no primeiro dia tira a *selfie* no espelho da academia e posta nas redes sociais, no segundo acaba participando de umas três aulas de treino aeróbico e no terceiro dia acha muito baixo o peso especificado pelo professor. Coloca o dobro de carga e, apesar de sentir os músculos tremendo, termina satisfeito as séries do dia de treino.

Ao fim da primeira semana matriculado, mal pode mexer as pernas. Quando chega o domingo, o atleta ansioso tem que passar o dia inteiro na cama, de tanta dor. Na segunda-feira não consegue ir para a academia, afinal houve um imprevisto no trabalho. No dia seguinte, só tem tempo para uma caminhada leve, de meia hora, pois está começando a ficar resfriado. E, assim, passam-se uma, duas, três semanas. As visitas à academia, que foram diárias na primeira semana, logo se espaçam.

Essa fuga dos treinos foi comprovada por pesquisadores da Fundação Oswaldo Cruz em um estudo publicado em 2016: em três meses, 63% dos alunos matriculados em academias acabam abandonando os treinos. Ao fim dos primeiros doze meses, apenas 4% das pessoas continuam realizando a atividade física.[1]

1 (Sperandei, Vieira & Reis, 2016).

Essa estatística negativa – e assustadora – é uma excelente metáfora para começarmos a falar de dinheiro. Assim como na academia, a maioria das pessoas que começa seus estudos em busca da riqueza pensa que só serão necessários alguns poucos dias de dedicação máxima para sair da estaca zero e chegar ao primeiro milhão. Elas começam muito animadas, preenchendo planilhas complexas, anotam cada centavo gasto, a todo momento acessam a conta bancária para ver o que está acontecendo.

Mas, assim como no nosso exemplo inicial, aquela garra aos poucos vai se dissipando. É um gasto inesperado que entra, uma conta que parece impossível de ser cortada, muito estudo que precisa ser colocado em dia. O desânimo logo bate na porta de entrada, e a vontade de continuar desaparece. Tentamos acelerar passando do zero ao cem antes mesmo de avançar pelo um, dois, três e assim por diante. Sem passar por todos os degraus necessários, é impossível chegar ao fim da jornada, e nossa força de vontade acaba ficando pelo caminho.

O próprio perfil do poupador brasileiro demonstra que o exercício de pensar em longo prazo não é algo arraigado em nossa cultura. De acordo com pesquisa realizada pelo Banco Mundial em 2014, compilada por José Roberto Rodrigues Afonso, pesquisador da Fundação Getulio Vargas, apenas 3,6% dos brasileiros acima de quinze anos economizam pensando na velhice.[1] Nossa falta de traquejo para a acumulação de capital nos coloca atrás de países como Argentina, Índia, Chile, Colômbia e Rússia. Mais longe ainda estamos de nações desenvolvidas, como os Estados Unidos, em que 45,1% poupam pensando na aposentadoria, e a Alemanha, onde 55,1% da população age dessa forma.

O mais interessante é que o relatório de Afonso ainda aponta que o problema não faz distinção social, sendo que entre os 60% mais ricos da população brasileira, apenas 4,7% têm o hábito de poupar. Se considerarmos os 40% mais pobres, a aptidão para guardar dinheiro cai a menos da metade, para 2,1%. Na média, entre 31 países considerados de baixa renda, continuamos na lanterna, uma vez que, mesmo nessas nações menos favorecidas, 8,3% da população, de acordo com o Banco Mundial, faz algum tipo de poupança.

1 (Afonso, J. R. R., 2017).

POPULAÇÃO QUE REALIZA POUPANÇA PARA A VELHICE
(% MAIORES DE 15 ANOS) - 2014

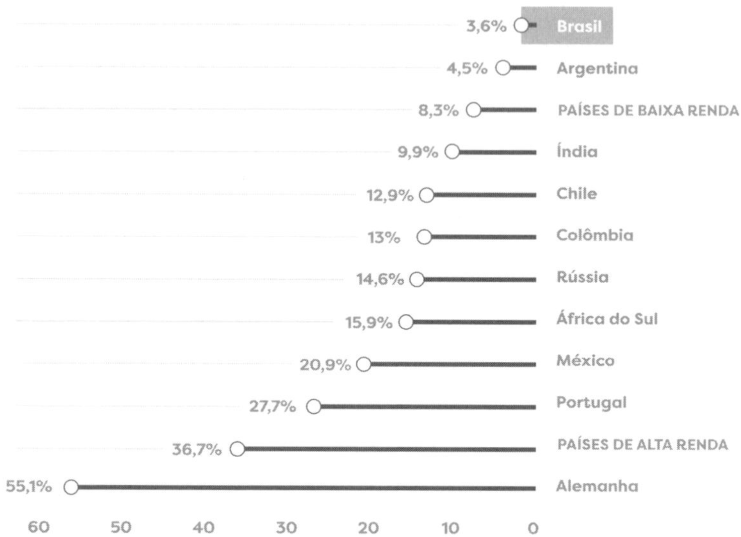

FONTE: Banco Mundial, compilado por José Roberto Rodrigues Afonso (FGV/IBRE).

Lidar com dinheiro exige disciplina, comprometimento e estudo, mas, acima de tudo, uma grande mudança de mentalidade, o tal do *mindset*. E, por mais que pareça fácil e que você tenha nas mãos as ferramentas certas, fica difícil um projeto de longo prazo dar certo se você gasta todas as fichas logo no começo e não aprende, pouco a pouco, a mudar hábitos e a forma como se comporta com o dinheiro.

Não podemos esperar que alguém que mal se levanta do sofá se torne um maratonista em duas semanas. Da mesma forma, você não pode ter a pretensão de se tornar um ás das finanças quando há poucos dias mal acompanhava a sua movimentação bancária. É também preciso considerar que você está inserido em uma cultura em que poupar não faz parte do dia a dia nem é ensinado de forma programada nas escolas ou em casa.

Algumas táticas, no entanto, poderão melhorar sua assertividade em busca de caminhos melhores para sua renda e vão ajudá-lo nessa busca por autoconhecimento para alcançar resultados financeiros mais perenes. Apesar de O PRIMO RICO não pregar que existam receitas milagrosas e passo a passo que se apliquem a todos os tipos de pessoas e suas particularidades, a organização de algumas ideias favorece muito a iniciação do não poupador na cultura do investimento. O exercício de autoanálise pode ser feito a partir de uma série de ferramentas que apresentarei nas páginas seguintes, pois o entendimento das próprias limitações facilita a mudança concreta de atitude.

Vale ainda lembrar que trilhar esse caminho rumo à independência financeira não se trata apenas de ganância ou amor excessivo ao dinheiro, como muitos gostam de pregar. Ao contrário, pode ser essencial para encontrar equilíbrio emocional nos mais diversos aspectos da vida. Estar de bem com o dinheiro nos permite usufruir bens e coisas que vão além do essencial para sobreviver, tornam nossa rotina muito mais prazerosa e abrem caminhos para que exploremos mais lugares, hobbies e experiências. É poder ter um conforto extra em casa, alimentar-se bem todos os dias, ter a possibilidade de planejar uma viagem diferente em família. Em um grau avançado, permite que a pessoa não dependa de emprego algum para o próprio sustento.

Por conta de tudo isso, é errado entender que buscar a liberdade financeira se trata apenas de acúmulo de capital. Essa liberdade é uma meta que deveria ser traçada em paralelo à da felicidade e faz parte da realização plena de toda pessoa. As pessoas que defendem que dinheiro não faz parte disso geralmente são as que não têm dinheiro.

Em termos práticos, a fórmula matemática da independência financeira é muito simples. Trata-se de uma engrenagem contínua em que o valor dos rendimentos de sua carteira de aplicações provém mais ou a mesma coisa que seus gastos, incluindo os fixos e variáveis de todos os meses. Quando isso acontece, é possível afirmar que essa pessoa não é mais obrigada a trabalhar pelo dinheiro, pois nesse estágio o seu próprio capital acumulado fará o exercício de gerar uma renda mensal capaz de cobrir quaisquer despesas recorrentes.

AZEITE A ENGRENAGEM DA RIQUEZA

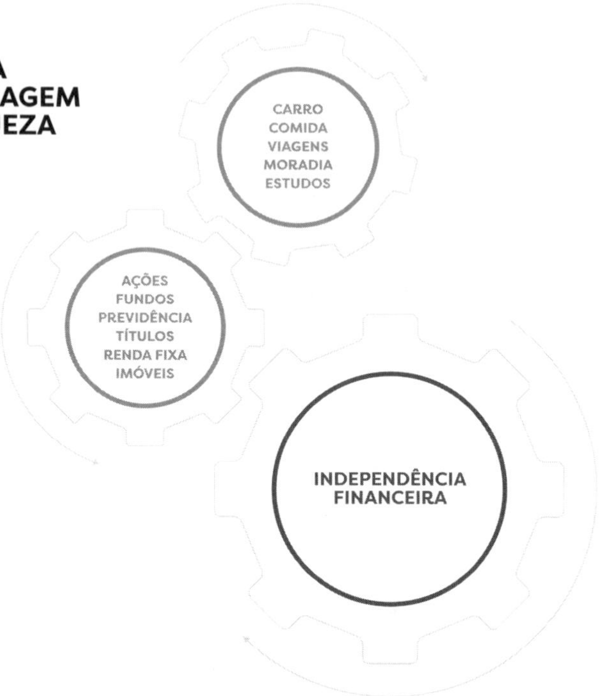

Como você deve ter notado, azeitar essa engrenagem para seu perfeito funcionamento não é algo corriqueiro ou possível de ser alcançado em um prazo muito curto, para a imensa maioria das pessoas. É por isso que devemos começar a investir em independência financeira sem sobrecarregar nosso sistema, planejando com cuidado cada etapa, dando apenas os passos necessários para cada momento, evitando chegar à exaustão muito antes de alcançar o objetivo final.

Um mercado sem investidores

Todos que aplicam dinheiro na Bolsa de Valores se consideram investidores. Ostentam ganhos, dividendos e operações, até que o mercado entre em compasso de baixa ou alta extrema. Nesses momentos de vales e picos, a maioria das posições de investimento – mesmo aquelas que se diziam de longo prazo – entram em ebulição. Pouquíssimos conseguem racionalizar a situação e têm condições de operar quando a Bolsa cai ou sobe demais. Seja por desejo de obter lucro rápido, por medo ou por crença em rumores, a verdade é que as pessoas, sobretudo as que operam em mercados emergentes, tendem a agir de acordo com a maioria, sob o chamado "efeito de manada".

Por causa desse comportamento, com certa frequência os preços das ações são insensatos.[1] Quem afirmou isso foi o megainvestidor Warren Buffett, em um artigo publicado na primeira edição em português de um dos principais guias de investimentos do mundo, *O investidor inteligente*, do pioneiro investidor norte-americano Benjamin Graham. No texto, Buffett definiu:

> Quando o preço de uma ação pode ser influenciado por uma "manada" em Wall Street, com preços estabelecidos, na margem, pela pessoa mais emocional ou mais gananciosa ou mais deprimida, é difícil defender a posição de que o mercado sempre gera cotações racionalmente.

Buffett se referia aos chamados "especuladores de mercado". O que pouco se fala, no entanto, é que quase todos que operam na Bolsa são especuladores, mesmo quando se autointitulam investidores. Como Graham explica em seu livro, "uma operação de investimento é aquela que, após análise profunda, promete seguran-

1 (Buffett, 2007).

ça do capital investido e um retorno adequado. As operações que não atendem a essas condições são especulativas".[1]

Estudos sobre esses movimentos inesperados no mercado de ações ganham cada vez mais espaço na literatura de finanças comportamentais. Essas teorias concordam com a suposição de que preços de ativos podem se movimentar de forma aleatória, sem que em algumas ocasiões estejam de fato embasados nos aspectos financeiros da empresa negociada. "O comportamento de manada ocorre quando um grupo de investidores negocia o mesmo ativo, na mesma direção do mercado, em um certo período, ignorando suas próprias informações e crenças a respeito dos preços dos ativos."[2]

Um dos maiores investidores pessoa física da Bolsa, Luiz Barsi, detalhou um pouco de seu entendimento sobre o assunto de forma muito didática em uma entrevista concedida a mim, em meu projeto O Código da Riqueza.[3]

> Quando eu recomendo a alguém que faça uma carteira [de ações] de previdência, a primeira coisa que eu digo é que você tem que incorporar o espírito do investimento, o sentido de parceria. É preciso saber que não se está comprando a ação pelo simples ato de compra, você está comprando ações de um projeto que pode ser bem-sucedido. Para fazer isso, eu analiso duas características: o projeto tem que estar em um setor perene, e que produz sustentabilidade.

Para Barsi, o argumento de que investir na Bolsa é muito arriscado ou pode levar uma pessoa à falência é puramente especulativo.

> O cidadão que fala isso não sabe que uma Klabin [empresa do setor de papel e celulose] tem 120 anos de existência. Muitos bancos quebraram nesse período, mas a Klabin não quebrou, e existem muitas outras empresas nesse patamar.

---

1 (Graham, 2007).

2 (da Silva, Barbedo & Araújo, 2015).

3 (Barsi, 2017).

AGORA, PENSE NAS PERGUNTAS A SEGUIR:

1. Você investe seu dinheiro, seja em fundos, Tesouro, CDBs ou ações, pensando no longo prazo?

2. Você fez um investimento em um título, pensando no resgate dele em uma década. No terceiro ano, o Brasil entra em crise e o valor do título começa a cair. Você o vende o mais rápido possível?

3. Você tem 1 mil reais para investir em ações. Estudou diversas empresas e se decidiu por uma. Você olha o preço dessa ação antes de comprá-la e isso pode influenciar seus planos?

4. Você acredita que, além de estudo, ganhar um rendimento adequado com investimentos em fundos, ações e renda fixa, entre outros produtos financeiros, depende de sorte?

Baseado nos pensamentos desses grandes autores citados anteriormente, entendi que, mesmo quando bem instruídas, a maioria das pessoas continua a olhar para o mercado de capitais com receio e prefere agir de maneira especulativa, sem avaliar o valor intrínseco das empresas disponíveis. O verdadeiro investidor não deveria sentir um frio na espinha quando faz um grande aporte. Tendo estudado e compreendido o potencial daquele negócio, e após ter incorporado o sentimento de ser sócio da empresa, a sensação deveria ser de conforto e sucesso, não o contrário.

Sabendo disso, entendemos que a primeira pergunta, na verdade, não passa de um pleonasmo. Todo investimento real é de longo prazo, portanto, aquele que pode se mover conforme condições momentâneas de mercado é apenas especulativo. Se você avalia responder com um "sim" à segunda questão, também está especulando. Sabemos que turbulências políticas e econômicas são cíclicas, especialmente no Brasil, e esse não deve ser o único fator a ser considerado no resgate de um aporte.

Já o terceiro ponto exige um grau de maturidade e estudo maior do potencial investidor. Existem estratégias como o *value investing* (falaremos sobre isso adiante), que envolve a busca por boas empresas que estão sendo negociadas a preços baixos – provavelmente influenciadas por movimentos especulativos – mas o preço da ação, em teoria, não deve ser fator primordial na tomada de decisão de compra. Quando o investidor estuda uma empresa, reconhece seu potencial de crescimento e, por consequência, entende que sua ação também se valorizará ao longo do tempo, mesmo que esteja "cara" ou "barata" hoje.

Por fim, quem responder com "sim" à indagação número quatro também continua no campo da especulação. Não existe sorte quando se conhece com profundidade os preceitos do produto em que se colocou dinheiro, seus desafios e vantagens comparados a outras alternativas existentes no mercado.

Quando eu trabalhava no mercado financeiro, diversas vezes me deparei com clientes que se consideravam investidores, mas, na verdade, nunca conseguiram sair do patamar da mera especulação. Ter dinheiro aplicado em ações não torna ninguém um especialista no assunto, pronto para tomar as melhores decisões. Mudar o *mindset* de uma pessoa imediatista não é algo simples. Pensar no futuro, e não no lucro imediato, pode ser uma tarefa hercúlea se você não tem um objetivo muito claro e não estuda o mercado para saber como e por que, em alguns momentos, ele não se comporta de maneira regular.

Mas, se atuar como um investidor é muito melhor para o meu futuro, por que o mercado está repleto de especuladores?

Responderei com alguns exemplos de clientes com quem já trabalhei. Eles recebiam instruções e opções de investimento, mas sempre coube a eles mesmos tomar a decisão final sobre o que gostariam de fazer com o próprio dinheiro. Porém, costumavam seguir caminhos muito diferentes dos quais eu imaginava serem os mais corretos para o portfólio deles.

PERFIS DE ESPECULADORES - CASOS REAIS

O ESTRANGEIRO

Asiático empreendedor que vivia no Brasil há algum tempo. Procurou nossa equipe para fazer um aporte de renda variável, mas após poucos meses chegou furioso ao escritório, gritando que havia perdido seu dinheiro após ser influenciado por um dos funcionários. Nos reunimos em uma sala e explicamos em detalhes que o dinheiro dele continuava seguro, pois a queda era totalmente relacionada a uma turbulência momentânea da Bolsa e a sua carteira tinha empresas com bons fundamentos de longo prazo. Mal terminamos a conversa, ele abriu o computador no meio de todos e passou a fazer solicitações de compra, sem pensar ou estudar, pois agora "entendia" que qualquer ação voltaria a subir no futuro próximo. Chegou a dizer que iria "aumentar suas apostas".

O FUNCIONÁRIO

Um trabalhador recebeu uma ação trabalhista importante e investiu tudo o que recebeu em ações. Ele até sabia administrar as perdas, mas toda vez que enxergava alguma oportunidade de realizar lucro rápido, não conseguia aguentar e vendia suas ações sem pensar. Agia pela emoção da vitória, mas depois cometia erros ao ter que reinvestir seu dinheiro. Deixava boas empresas pela falta de paciência e aumentava seu risco ao ter de operar o tempo todo no mercado.

O MÉDICO

Muito reconhecido na sua área profissional, este médico recebia um salário muito bom e conseguia aplicar bastante dinheiro em ações todos os meses. Ele era disciplinado nos aportes, mas não na forma como lidava com seus ativos. Era apaixonado pelas "oportunidades" e achava que, por já ter certa idade, investir nunca poderia ser algo de longo prazo. Para ele, o rendimento só era válido se fosse realizado no presente, e isso o fez perder muito dinheiro.

O MILIONÁRIO

Foi um dos clientes mais ricos que tive, dono de mais de cinquenta postos de gasolina. Ele investia apenas em uma empresa: Petrobras. Se a ação caía, ele comprava mais, se dava um salto, vendia e esperava uma nova queda. Ele não deveria fazer isso pelo valor da ação, pois o valor intrínseco da empresa mudou muito ao longo dos anos. O valor da ação poderia ser o mesmo de anos atrás e uma "oportunidade", mas seu lucro era muito menor e os problemas de gestão eram claros. Não podemos comparar empresas pelo seu preço de antes e agora, pois muitas vezes o negócio já mudou tanto que esse embate entre passado e presente não faz sentido.

O TÉCNICO

Muito inteligente e habilidoso com exatas, este cliente fez um curso de análise técnica de ações — que se baseia apenas em gráficos e preços dos ativos para avaliação de investimentos. Apaixonou-se pelo tema e passou a fazer operações diferenciadas, de maior risco e derivativos. Operava alavancado em muitas delas e chegou, em um único dia, a realizar trezentas operações de compra e venda. Ele não era ingênuo nos negócios, mas tornou-se apenas um bom cliente para a corretora, que ganhava muito dinheiro com taxas. O rendimento de sua carteira, com o passar do tempo, não superava nem de longe aportes de longo prazo que ele poderia ter feito com o mesmo capital, mas com muito menos trabalho.

Como aponta Décio Bazin em uma das bíblias de investimentos no Brasil, o livro *Faça fortuna com ações*, o especulador, "mesmo que queira", não consegue se livrar do seu vício – ou paixão –, que é o lado especulativo do mercado.[1] Bazin ainda ressalta que, ao contrário do que

1 (Bazin, 2017).

a mídia prega, os especuladores não são essenciais para a Bolsa de Valores, pois eles só negociam as poucas ações que já têm liquidez. "Se essa liquidez não existisse, não seria possível negociar os papéis, e os especuladores, que não têm residência permanente em qualquer setor do mercado financeiro, estariam levando seu capital para outro destino", pontua.

Quem especula se submete repetidas vezes ao risco da ruína. Pode haver um, dois, dez, cinquenta dias de sucesso, mas, se no 51º o erro for muito grande, talvez não haja mais capital suficiente para retornar ao mercado no dia seguinte. Daí é que surgem as famosas "lendas urbanas" da Bolsa:

— Puxa, eu pensei em investir na Bolsa, mas meu amigo colocou 50 mil reais lá e perdeu tudo! Então vou comprar um imóvel para fazer renda.

— Quando o assunto são ações, eu só invisto 25% do que tenho. É muito arriscado, sou conservador. Se você for além disso, só pode ser maluco!

— Eu comprei ações, mas contratei também uma operação que pode garantir um preço mínimo de venda, embora tenha custos. Assim estou bem seguro de que não vou perder todo o meu dinheiro.

No caminho de construção da riqueza, a especulação ingênua não pode ter espaço. É importante ressaltar que existe o especulador profissional de mercado, que tem como metodologia de trabalho realizar um grande volume de operações de curtíssimo prazo. Eles são especializados e dispõem de ferramentas adequadas que lhes conferem agilidade e controles de riscos, ao contrário de quem especula apenas por desconhecimento. Diversos estudiosos do mercado financeiro apontam que é o especulador do mercado que dá liquidez à Bolsa de Valores, pois são eles que fazem um grande volume diário de operações, sempre comprando ou vendendo ações.

Por isso, sugiro que você avalie qual é seu perfil e, com base nessa reflexão, pontue quais passos precisa tomar para, o mais rápido possível, tornar-se um investidor de verdade, que percorre um caminho seguro rumo ao seu primeiro milhão.

INVESTIR OU ESPECULAR?

ASPIRANTE

- Ainda não consegue investir.
- Não tem a consciência de que precisa investir o que ganha.
- É o famoso "poupador", que até pouco tempo só conhecia a caderneta de poupança.
- Acabou de descobrir as maravilhas do Tesouro Direto e por isso não deixa a renda fixa.

ESPECULADOR INICIANTE

- Negocia ações sem pensar no valor da empresa, mas apenas no preço da ação.
- Não investe na empresa, pois encerra sua posição todos os dias no pregão.
- Acredita que a sorte faz parte do mercado de ações, fica viciado no "jogo".
- Corre risco de falência ao operar diversas vezes e, à medida que sofistica suas ações, opta por produtos ainda mais voláteis.

INVESTIDOR

- Nunca compra ou vende ações baseado no preço delas no momento, mas sim nos fundamentos da companhia.
- Não faz *day trade* desnecessariamente oupretende ganhar dinheiro com operações de curto prazo que geram custos
- excessivos com corretagem.
- Faz aportes pensando na velhice e aposentadoria. Entende o poder dos juros compostos.

ANAMNESE FINANCEIRA

Na academia, antes de começar qualquer exercício físico, precisamos primeiro passar por um exame médico. Avaliar nosso estado inicial ajuda a entender de qual ponto partimos e quais metas são realistas para nós. Traçar objetivos alcançáveis e superá-los um a um tornam a jornada muito mais produtiva e faz com que novos hábitos sejam criados e tenham mais chances de se tornarem parte da rotina.

De forma similar, para saber como vai a saúde do seu bolso, um dos primeiros passos é aferir a temperatura financeira e realizar a anamnese, que, na linguagem médica, refere-se à entrevista executada pelo profissional de saúde com o paciente, como ponto inicial no diagnóstico do estado de saúde dessa pessoa.

Nas finanças, a reflexão sobre as perguntas a seguir tem o mesmo objetivo. Como na elaboração de um prontuário, elas vão ajudar você a identificar o que não funciona bem e quais mudanças podem ser feitas.

VOCÊ...	SIM	NÃO
Está livre de dívidas?	☐	☐
Ganha mais do que gasta?	☐	☐
Consegue pagar todas as suas contas com, no máximo, 80% do seu salário?	☐	☐
Tem um fundo de emergência?	☐	☐
Possui investimentos diversificados?	☐	☐
Tem investimentos planejados para se aposentar com tranquilidade?	☐	☐
Quando sobra um pouco de dinheiro inesperado no fim do mês, prefere aplicar pelo menos uma parte dele em vez de gastar tudo?	☐	☐

DIAGNÓSTICO 1

Se você respondeu não a pelo menos uma dessas perguntas, você ainda não é 100% saudável financeiramente. Você pode aparentar estar em forma, ter feito alguma reserva e pensar no futuro, mas é possível que esteja sendo instruído por algum profissional (aquele gerente do banco ou um corretor) pouco interessado no seu real objetivo. Talvez esteja recebendo conselhos inadequados de conhecidos que pouco estudaram sobre o tema, ou até mesmo tem escolhido as ferramentas incorretas para alcançar as suas metas.

TRATAMENTO: Repense o seu *mindset* de forma integral, foque em conhecimento e trace uma estratégia clara. Mas fique tranquilo, O Primo Rico vai ajudar você nesta tarefa.

DIAGNÓSTICO 2

Se você respondeu sim a todas as perguntas, significa que está no caminho certo para a independência financeira. Entenda que manter esse padrão de pensamento será essencial para alcançar seu objetivo final.

TRATAMENTO: Continue se adaptando aos constantes desafios, construindo uma postura antifrágil (leia mais sobre esse termo a seguir) de investimentos. Se você imagina que daqui para a frente o caminho será linear, sem altos e baixos, está muito enganado. Seu grande desafio será manter sua assertividade em alta ao longo do tempo. É importante ter consciência de que até mesmo quem acumula patrimônio pode ter dificuldade em conquistar a verdadeira liberdade financeira, já que é fácil gastar dinheiro em um ritmo muito mais rápido do que se ganha.

O investidor *antifrágil*

Na introdução deste livro, citei brevemente alguns sacrifícios que toda pessoa que almeja a riqueza terá de fazer em algum ponto de sua trajetória, se não de forma constante. Entre eles, estava algo que chamei de "renúncia à fragilidade".

Entender o que há por trás dessa palavra é importante, pois o ser humano tem a tendência natural de se apoiar em rotinas e repetições com a crença de que isso o deixa no controle da sua vida. A verdade, no entanto, é que, se não somos submetidos à pressão, em geral não encontramos a motivação necessária para a ação e o progresso. Engana-se quem acredita em uma caminhada, em especial quando se trata de investimentos, sem perder de vez em quando.

Num debate semântico, poderíamos simplesmente dizer que não ser frágil é ser forte ou robusto. Avaliando pelo lado comportamental, talvez chegaríamos à conclusão de que uma pessoa que não é frágil e consegue resistir às dificuldades da vida é alguém resiliente.

O significado de progresso, porém, afasta-se da resiliência, pois essa palavra apenas denomina algo que é capaz de voltar à sua posição original após, por exemplo, um trauma. No dicionário, mudar, transformar-se e tornar-se mais forte também não é o oposto de fragilidade.

Dessa dificuldade de explicar o que é não ser frágil nas mais diversas esferas da vida, e principalmente nos negócios, é que nasceu o conceito do *antifrágil*, um neologismo criado pelo professor Nassim Nicholas Taleb, um dos maiores estudiosos sobre análise de risco e autor do best-seller *Antifrágil*.[1]

Na proposta elaborada por Taleb, se alguém é por si só forte ou robusto, não há mais nada que possa ser feito por ele nem qualquer desenvolvimento a ser perseguido.

E a antifragilidade deriva – de certa forma – dessa definição explícita de fragilidade. Ela aprecia a volatilidade *et al.* Ela também

1 (Taleb, 2012).

aprecia o tempo. E há uma ligação poderosa e positiva com a não linearidade: tudo que é não linear em sua resposta é frágil ou antifrágil diante de determinada fonte de aleatoriedade.

Por isso, entende-se que, para existir, o antifrágil necessita do caos, de tudo aquilo que está em desequilíbrio. Viver é uma sucessão constante de fatos aleatórios, acontecimentos, sensações e vontades que a todo tempo tentamos equalizar. Viver nada mais é do que estar imerso em constante caos. Por isso, precisamos buscar a antifragilidade.

O conceito de antifrágil pode ser uma âncora importante na busca da riqueza, pois, ao compreendê-lo, o investidor começa a desfrutar das constantes dificuldades e desafios almejando seu amadurecimento e aprimoramento técnico. Todo mundo sabe que a economia, o câmbio, as taxas de juros e sobretudo a política são voláteis. Por isso, a pessoa que entende e aceita a própria antifragilidade consegue se sair muito melhor neste longo caminho que é aprender a gastar melhor e investir de forma eficiente. Quem imagina que acertará sempre, e de primeira, está profundamente enganado.

Sem a hostilidade de um ambiente aleatório, o antifrágil não evolui, não desenvolve novos métodos nem encontra caminhos que podem ser mais saudáveis. Como explica Taleb, é muito mais fácil descobrir se algo é frágil do que prever a ocorrência de um evento capaz de prejudicá-lo. A fragilidade pode ser medida; o risco, não. "A sensibilidade aos danos causados pela volatilidade é remediável, mais ainda do que a predição do evento que poderia causar o dano."

ANTIFRAGILIDADE

AS QUATRO FASES FINANCEIRAS

Mais um diagnóstico que pode surgir no exercício de autoanálise financeira é a identificação da fase financeira em que você está vivendo. Existem momentos de oscilação, estágios em que há um foco mais efetivo na busca pela acumulação de capital e, por isso, você economiza mais. Em outros períodos, a sensação de inércia é preponderante, aniquilando qualquer tentativa de planejamento.

Estar em uma ou outra fase financeira não tem a ver com idade e profissão, mas com o que se faz naquela etapa da vida e com o reconhecimento de quais passos devem ser dados para atingir o próximo nível. Isso significa que uma pessoa de vinte anos de idade pode estar passando pela mesma fase financeira de alguém com cinquenta anos, assim como profissionais dos mais diferentes níveis salariais podem estar com um denominador comum, financeiramente falando.

Certa vez, ouvi um desabafo de um conhecido que tinha um cargo de liderança em uma consultoria, viajava com frequência para fora do país a trabalho, comia em restaurantes bacanas, mas se surpreendeu numa simples corrida de táxi.

— Sabe, estava voltando dos Estados Unidos a trabalho, minha mala mal fechava de tanta muamba que trouxe. Eu sabia que o limite do cheque especial naquele mês já estava sendo utilizado, mas tinha que aproveitar, não é? Então peguei o táxi, e, naquele trânsito, comecei a conversar com o motorista, até que chegamos no assunto dinheiro. Ele relatou que estava comprando um segundo imóvel, pois tinha casa própria e havia adquirido um terreno no estado natal dele, com a ideia de investir em gado e plantar algo. Olhei com cuidado para o interior do carro, percebi que havia uma sacola de marmita, provavelmente com seu almoço do dia, suas roupas eram simples, mas bonitas e jeitosas, e o celular dele não era o último modelo lançado no mercado, aquele que custa milhares de reais.

"Fiquei chocado, pois nem casa própria eu tenho, não tenho conseguido poupar quase nada ao fim da maioria dos meses e ainda vou pedir empréstimo para o banco, mais uma vez. Eu sempre achei que fosse rico pelas coisas que eu consumia, pelas viagens e pela minha qualidade de vida. Mas descobri naquele momento que, na verdade, eu estava pobre, e isso não tem nada a ver com o cargo que ocupo ou as coisas que compro."

Justo por causa dessas diferentes formas de se relacionar com o dinheiro, sem levar em conta o grau de instrução ou profissão, as respostas para os mesmos problemas e as metas a serem estabelecidas podem variar de maneira considerável de pessoa para pessoa. O mais importante, no entanto, é entender o que precisa ser feito em prol da evolução e como será possível chegar ao próximo degrau.

Reconhecer a si mesmo e entender os desafios de cada uma das quatro fases financeiras descritas a seguir são um bom ponto de partida e podem prover o suporte necessário na elaboração de suas primeiras metas rumo ao milhão.

AS FASES PARA A LIBERDADE FINANCEIRA

1. Endividado
2. Pequeno investidor
3. Foco no longo prazo
4. Liberdade financeira

A primeira fase financeira, a do endividado, é autoexplicativa. Por razões óbvias, nesse momento a pessoa geralmente não consegue guardar nada do que recebe. Ou quando o faz, pensa que o acúmulo momentâneo serve apenas para cobrir aquela parcela a ser paga no mês. O problema é que a dívida continua crescendo por causa de novas compras ou necessidades imediatas.

Muitas vezes, quem se encontra nessa fase não percebe que, mesmo recolhendo parte dos ganhos para alguma aplicação, aquele rendimento provavelmente não estará cobrindo os juros que ele paga para quitar seus empréstimos.

A realidade é que quem só possui dívidas não consegue adotar uma estratégia de crédito consciente. Para avançar de fase, precisa aprender a gastar melhor, comprar barato, estudar maneiras de aplacar sua dívida o quanto antes sem desperdício de dinheiro. O grande problema é que muitas vezes quem vive esse momento deixa de procurar a saída por pensar que talvez não exista. Ela sempre pode ser encontrada, porém não sem alguns sacrifícios, como corte de gastos – às vezes até drástico – por um período.

O próprio sistema financeiro oferece parte da solução, com feirões para renegociação de dívidas e portabilidade de contratos. Ao mesmo tempo devem ser buscadas maneiras de aumentar a renda, como batalhar por uma promoção, buscar um serviço extra nas horas que antes seriam de folga ou partir para o empreendedorismo, mesmo que de forma limitada.

Eu mesmo, no início da minha vida adulta, optei por fazer trabalhos variados em meu horário livre com o puro e simples objetivo de aumentar minha renda. Fui garçom de uma grande rede de restaurantes e trabalhei como barman. Quando eu era estudante, também procurava estágios na área em que realmente gostaria de trabalhar. Eu podia imaginar colegas aproveitando festas, tardes livres, dormindo até tarde nos fins de semana, enquanto eu carregava caixas de cerveja depois de uma noite inteira de trabalho. Era trabalho pesado, braçal, mas eu tinha um objetivo claro. Uma coisa é reclamar que não dá, que se ganha pouco, enquanto se está parado sem fazer nada. Não existe retorno sem pelo menos um pouco de sacrifício.

A segunda fase é aquela em que a pessoa se torna o que chamo de "pequeno investidor". Já ganha um pouco mais do que gasta, mas ainda não consegue se planejar para guardar uma parte da renda ou, se tem guardado, ainda é muito pouco. A pessoa que vive essa fase pode estar dando os primeiros passos para formar algum tipo de patrimônio, mas, para evoluir, precisa aplicar sem riscos esse dinheiro que sobra. E deve aprender a fazê-lo de uma maneira mais eficiente e rentável, em comparação à maioria das pessoas.

O maior desafio nesse estágio é evitar as decisões erradas, ou não perceber que o acúmulo de capital ainda é muito incipiente. Mesmo ainda tendo pouco dinheiro guardado e pouca experiência, o pequeno investidor pensa que reconhece as melhores oportunidades e passa a tomar decisões sem o devido preparo, o que pode levá-lo a perdas ou até mesmo fazê-lo regressar ao estágio anterior.

Além disso, é nesse estágio que aparecem os grandes vendedores de sonhos, com promessas de investimentos mirabolantes, com altos ganhos em pouco tempo. São muitas vezes especuladores, travestidos de agentes do mercado, assessorias e bancos, lucrando com a corretagem e mirando apenas o curto prazo. O pequeno investidor fica tentado, acaba se distraindo pela perspectiva de ganho fácil e apenas escuta os ruídos de mercado, sem notar quais são os sinais reais de uma provável alta ou baixa.

Se, no entanto, o investidor consegue cobrir seus gastos de emergência pontuais com suas economias, autofinanciar-se no momento em que alguma despesa inesperada aparece, sem ter a necessidade de se capitalizar com bancos, pagando juros altos, entendemos que ele pode estar próximo do passo seguinte. Nessa fase, o hábito de poupar começa a fazer parte da rotina de uma forma fluida, e o objetivo de longo prazo se torna factível.

Na terceira fase financeira, o indivíduo está olhando para além do curto prazo. Suas metas não são o celular novo ou a reforma da casa no fim do ano. Ele está com as contas em dia, tem seu fundo de emergência preparado e sendo constantemente reposto, e começa a refletir sobre o futuro do seu caixa. Passa a procurar investimentos que exigem comprometimento duradouro e, muitas vezes, potencializam-se ao longo do tempo. O foco deixa de ser apenas o ano seguinte, mas a aposentadoria dali a algumas décadas. Esse investidor já sabe que, em um certo momento da vida, o salário vai deixar de entrar, mas os gastos fixos ficarão.

Com o patrimônio formado para o futuro, o poupador entra em uma quarta fase, na qual não precisa mais se preocupar com o dinheiro que possui naquele momento. Ele sabe que vai se aposentar com certa tranquilidade e garantiu a renda que considera necessária para o resto da vida, tendo sobrevivido aos mais diversos tipos de adversidades monetárias. É nela que se maturam todos os esforços realizados ao longo de muitos anos, baseados na constante atualização de conhecimentos e disciplina.

Mas sabemos que estar no auge da maturidade não significa que os objetivos que envolvem dinheiro se encerram por completo. Assim como em outros aspectos da vida, manter-se ativo e encontrar novos desafios sempre fazem bem e ajudam a engrenagem da vida a continuar girando sem os percalços causados pela desmotivação.

Dessa maneira, quando possui liberdade financeira, uma pessoa pode aproveitar os estímulos de novos projetos de cunho profissional ou pessoal sempre que desejar. Sem depender de salário, pode até mesmo correr alguns riscos quando julgar necessário.

No cume da liberdade financeira, é possível, por exemplo, começar uma fase empreendedora, na qual se aposta em um negócio mais arrojado – mas que sempre foi um sonho – por puro prazer. Quem tem o futuro garantido tem autonomia para, se assim desejar, entrar em uma fase financeira familiar, na qual passa a preparar quem está em seu entorno pessoal para também se tornar independente no longo prazo.

O investidor, acima de tudo, é um ser humano envolto em uma gama complexa de relacionamentos e desejos, que podem ser muitas vezes compartilhados em conjunto, com a família ou até mesmo com a sociedade. A tendência é que quanto mais temos, mais desejamos compartilhar – com consciência, claro. É também possível que aflore em nós a necessidade de deixar um legado. Afinal, não é apenas sobre dinheiro que estamos falando – é sobre felicidade. E você? Consegue determinar em qual momento da vida está? Se sim, o que pode ser feito para chegar à próxima fase?

A HORA DA VERDADE

Agora que exercitamos um pouco a mente com ferramentas de autoanálise, chegou o momento de, na prática, partirmos para o milhão. Sim, minha proposta com este livro não foi apenas criar um título marqueteiro e tratar apenas de teoria, mas convencê-lo de que é possível traçar metas realistas para a riqueza. É parte fundamental do processo que você entenda, em números, como isso funcionará, pois a transparência consigo mesmo ajuda a criar hábitos que tornam aportes factíveis e que vão impulsioná-lo a buscar novos ganhos para acelerar a chegada ao objetivo final.

Escuto o tempo inteiro comentários de pessoas que afirmam estar poupando dinheiro. O que elas não compreendem é que isso não significa investir dinheiro. A diferença entre poupar e deixar dinheiro guardado embaixo do colchão, principalmente no curto prazo, pode ser bem pequena. Por isso, podemos dizer que quem apenas poupa está, na realidade, perdendo anos de riqueza no futuro, mesmo quando esses aportes são frequentes e visam o longo prazo. Quem poupa está apenas guardando dinheiro, enquanto quem investe aumenta a cada mês seu patrimônio líquido.

Poupança
de R$ 500 ao mês, por 10 anos

- R$ 76.210,85 ao fim do período
- Rendimento médio de 0,37% ao mês

Investimento
de R$ 500 ao mês, por 10 anos

- R$ 116 mil ao fim do período
- Rendimento médio de 1% ao mês

Mesmo diante de exemplos como o do quadro anterior,[1] as pessoas continuam preferindo a poupança e acreditam que não há problema em deixar o capital ali, às vezes parado por meses a fio, antes de tomarem uma decisão mais acertada sobre o que fazer com ele. Muitas po-

1 Rendimento médio da poupança (Banco Central, 2018).

dem até se confundir com os termos, pois poupança deriva da palavra "poupar", fazendo com que muitos subentendam que já estão cuidando bem de seu dinheiro apenas por guardá-lo assim.

Mas uma das grandes desvantagens dessa prática é que, com a poupança atrelada à conta-corrente e ao cartão de crédito, o incentivo para o consumo está pronto. Basta querer, e o dinheiro pode ser resgatado, postergando ainda mais que a postura de investidor seja incorporada à rotina diária.

Com o poder dos juros compostos, no entanto, a discrepância entre quem apenas poupa e quem investe se torna ainda mais gritante. Basta olhar o mesmo montante considerando um prazo ainda maior, de trinta anos.

Poupança
de R$ 500 ao mês, por 30 anos

- R$ 378.710,00 ao fim do período
- Rendimento médio de 0,37% ao mês

Investimento
de R$ 500 ao mês, por 30 anos

- R$ 1,7 milhão ao fim do período
- Rendimento médio de 1% ao mês

DIFERENÇA DE MAIS DE R$ 1 MILHÃO

E o que, exatamente, são os juros compostos? Nossa meta não é explicar em detalhes operações matemáticas, mas não é preciso muita teoria para compreender o poder multiplicador que eles exercem sobre o dinheiro a ser guardado e reinvestido ao longo do tempo.

De maneira simples, imagine que você tem uma pequena banca de frutas. Você investiu cem reais para comprar os primeiros itens e os revendeu por 150 reais. Em vez de gastar os cinquenta reais que lucrou, você comprou mais frutas com 120 reais e usou trinta reais para comprar saquinhos e vender essas frutas higienizadas, acondicionadas individualmente, um pouco mais caras. No fim do segundo mês, recebeu duzentos reais e, mais uma vez, reinvestiu no negócio, fazendo com que ele prosperasse, pouco a pouco.

No começo, pegar todo trocado ganhado para ser colocado mais uma vez no empreendimento era bem difícil. Foi preciso cortar todos os gastos possíveis, trabalhar muito mais horas por dia, acordar cedo para buscar fornecedores de qualidade com o menor custo possível e estudar com afinco as formas de expandir o negócio. No entanto, graças à persistência em sempre reinvestir os lucros, em cinco anos a barraca se tornou um ponto fixo, com três funcionários e uma receita mensal considerável. A recompensa é que agora a loja já tem crédito para capital de giro, consegue postergar pagamentos a fornecedores e investe no marketing local para continuar atraindo mais clientes. Não só parece, mas de fato ficou mais fácil crescer em escala ao longo do tempo.

O mesmo acontece com nosso dinheiro quando guardado e bem investido. No início, o saldo final a cada mês cresce de maneira muito lenta. Exige um sacrifício enorme, além de persistência e hábito para manter os aportes sempre constantes. Em números, veja o que acontece quando um valor é continuamente reinvestido. No longo prazo, acontece o que muitos economistas gostam de chamar de “mágica dos juros compostos”:

ANO 1
Taxa de juros = 10%
Valor inicial = R$ 100
Tempo = 1 ano
RESULTADO: R$ 110

ANO 2
Taxa de juros = 10%
Valor ao fim do ano 1 = R$ 110
Tempo = 1 ano
RESULTADO: R$ 121

ANO 10
Taxa de juros = 10%
Valor ao fim do ano 9 = R$ 235
Tempo = 1 ano
RESULTADO: R$ 260

ANO 20
Taxa de juros = 10%
Valor ao fim do ano 19 = R$ 611
Tempo = 1 ano
RESULTADO: R$ 672

Se no primeiro ano você obteve um rendimento de onze reais acima do que investiu e ao longo do tempo continuou reaplicando todos os valores, no décimo ano aquele montante inicial de cem reais aplicado somaria 260 reais. Isso acontece porque os juros não estão sendo pagos em cima daqueles cem reais iniciais, mas sim do total acumulado até o fim do nono ano, e assim consecutivamente.

Para quem gosta de matemática, a fórmula é esta:

$C \times (1+i)^t$ = RECEITA FINAL

Sendo C = capital inicial; t = tempo; *i* = taxa de juros.

Um gráfico simples mostra como essa fórmula acelera o ganho de capital ao longo do tempo. Note que a curva dos juros compostos se descola após alguns anos de espera e constância nos aportes.

JUROS SIMPLES X JUROS COMPOSTOS

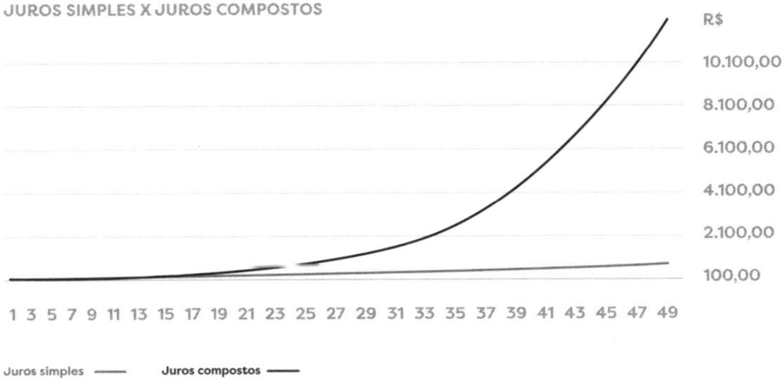

Com esses exemplos, fica muito clara a importância de ser paciente e focar o longo prazo, pois é apoiado nele que os grandes ganhos se acumularão. Ainda é preciso ter em mente que seus aportes mensais podem (e devem!) crescer ao longo dos anos, para que o ritmo de ganhos acelere ainda mais. É natural que, com a maturidade e a experiência profissional, a remuneração mensal pelo seu trabalho aumente. Por isso manter-se focado na meta do milhão ajuda a manter gastos controlados para que os investimentos sejam crescentes.

A seguir, "A tabela do milhão" considera uma taxa de rendimento anual de 12%. Essa porcentagem pode ser menor do que a renda variável pode proporcionar, mas a ideia aqui é mostrar como os juros compostos dão um belo impulso ao investidor comprometido. E, o melhor, a cada ano que passa, esse trampolim vai impulsioná-lo cada vez mais, sem que você precise aumentar seu nível de esforço.

A TABELA DO MILHÃO (12% A.A.)

Aporte mensal	1 ano	5 anos	10 anos	20 anos	30 anos	40 anos
R$ 100,00	R$ 1.276,65	R$ 8.110,36	R$ 22.403,59	R$ 91.985,74	R$ 308.097,32	R$ 979.307,10
R$ 200,00	R$ 2.553,30	R$ 16.220,72	R$ 44.807,18	R$ 183.971,47	R$ 616.194,64	**R$ 1.958.614,20**
R$ 300,00	R$ 3.829,95	R$ 24.331,08	R$ 67.210,77	R$ 275.957,21	R$ 924.291,96	R$ 2.937.921,30
R$ 400,00	R$ 5.106,60	R$ 32.441,45	R$ 89.614,36	R$ 367.942,94	**R$ 1.232.389,28**	R$ 3.917.228,41
R$ 500,00	R$ 6.383,25	R$ 40.551,81	R$ 112.017,94	R$ 459.928,68	R$ 1.540.486,60	R$ 4.896.535,51
R$ 1.000,00	R$ 12.766,50	R$ 81.103,61	R$ 224.035,89	R$ 919.857,36	R$ 3.080.973,21	R$ 9.793.071,01
R$ 2.000,00	R$ 25.533,00	R$ 162.207,23	R$ 448.071,78	**R$ 1.839.714,71**	R$ 6.161.946,42	R$ 19.586.142,03
R$ 3.000,00	R$ 38.299,49	R$ 243.310,84	R$ 672.107,67	R$ 2.759.572,07	R$ 9.242.919,63	R$ 29,379,213.04
R$ 5.000,00	R$ 63.832,49	R$ 405.518,06	**R$ 1.120.179,45**	R$ 4.599.286,78	R$ 15.404.866,05	R$ 48.965.355,07
R$ 10.000,00	R$ 127.664,98	R$ 811.036,13t	R$ 2.240.358,90	R$ 9.198.573,56	R$ 30.809.732,10	R$ 97.930.710,13
R$ 15.000,00	R$ 191.497,47	**R$ 1.216.554,19**	R$ 3.360.538,34	R$ 13.797.860,34	R$ 46.214.598,15	R$ 146.896.065,20
R$ 20.000,00	R$ 255.329,96	R$ 1.622.072,25	R$ 4.480.717,79	R$ 18.397.147,12	R$ 61.619.464,20	R$ 195.861.420,27
R$ 30.000,00	R$ 382.994,94	R$ 2.433.108,38	R$ 6.721.076,69	R$ 27.595.720,67	R$ 92.429.196,30	R$ 293.792.130,40
R$ 50.000,00	R$ 638.324,90	R$ 4.055.180,63	R$ 11.201.794,48	R$ 45.992.867,79	R$ 154.048.660,49	R$ 489.653.550,67

Nesse exemplo, com cem reais investidos todo mês e reaplicação dos lucros, você chegará perto do primeiro milhão em quarenta anos. Com quinhentos reais, sua liberdade está a cerca de 25 anos. E a resposta para o título do livro? Saindo de aportes de mil reais todos os meses, você chegará ao milhão em cerca de vinte anos. É possível, envolve muitas variáveis na prática, mas não é difícil. E vamos aprender como conseguir fazer isso nas próximas páginas.

DO MIL AO MILHÃO EM 20 ANOS

O essencial... nem sempre é essencial

O primeiro passo para pinçarmos alguns de nossos erros financeiros mais recorrentes está na confecção de nossa própria planilha de orçamento. Eu tenho a plena certeza, no entanto, que ao longo da sua vida você se deparou dezenas de vezes com modelos de controle de gastos que exigiam seu total empenho – e paciência – para discriminar o que é fixo ou variável, para onde vai cada centavo em comida, transporte, educação e lazer, entre tantas outras possíveis despesas.

Esse tipo de planilha é muito útil para obtermos um raio x exato daquele momento da sua conta bancária, mas uma de suas falhas é que ela não mostra de forma clara, ao fim de cada mês, se você está mais rico que no período anterior. Além disso, antes de você se dar conta de que "planilhar" todos os gastos, a todo momento, pouco ajuda a visualizar essa riqueza, já terá se cansado do processo extenuante de anotar cada detalhe da sua vida e terá soltado o freio dos gastos, muitas vezes realizando compras que não deveria.

Anotar gastos por puro reflexo, sem a devida análise da necessidade deles, apenas desperdiça seu tempo.

Por isso, nosso trabalho de entender melhor o que acontece com o dinheiro que você ganha vai começar de uma forma um pouco diferente. O primeiro passo é começar com uma análise muito mais simples da sua renda. Para isso, anote o que lhe for pedido, pois trabalhar com números e dados reais da sua vida fará toda a diferença nesse processo.

Antes de seguir com a leitura, preencha o quadro abaixo indicando apenas o que você imagina ser a separação ideal de seus gastos:

PLANILHA BÁSICA DE ORÇAMENTO

+ Suas receitas:

− Gastos essenciais:

− Gastos não essenciais:

Não vamos, neste momento, nos concentrar em como aumentar suas receitas, pois esse tópico será abordado na terceira parte deste livro. A meta agora é entender de forma simples e direta como seus gastos são divididos ao longo do mês e quais são importantes para você. Aqui, não posso determinar o que deve ser essencial ou não, pois as escolhas de cada um são muito particulares e devem ser analisadas no contexto individual ou familiar.

Para mim, por exemplo, uma assinatura de serviços de *streaming* de vídeos e filmes é muito importante, mas para outra pessoa isso pode ser supérfluo. Para muita gente, pagar a mensalidade da academia é fundamental para manter uma rotina de atividades saudável, enquanto algumas pessoas preferem se exercitar ao ar livre e não consideram esse tipo de gasto necessário.

EXEMPLO DE PLANILHA BÁSICA DE ORÇAMENTO

+	Suas receitas:	• **Salário** • **Trabalho extra esporádico**	
–	Gastos essenciais:	• **Aluguel** • **Supermercado** • **Transporte** • **Seguro de saúde** • **Plano de internet**	• **Assinatura de *streaming*** • **Aplicações em investimentos**
–	Gastos não essenciais:	• **Pizza toda sexta-feira** • **Roupas novas** • **Academia**	• **Diarista** • **Empréstimo** • **Entretenimento**

Entenda que o gasto essencial é aquele que, muitas vezes, não pode apenas ser reduzido de um mês para outro ou é quase impossível de ser eliminado no curto prazo. Isso não significa que, com tempo e preparo corretos, até mesmo um gasto essencial possa ser reavaliado e passe a ser menor.

Veja a seguir um exemplo de como isso pode ser feito ao se considerar a diferença entre morar de aluguel em um local com acesso a meios de transporte mais econômicos. Os cenários apresentados a seguir são baseados na realidade da cidade de São Paulo, onde utilizar carro e transporte individual com frequência – como táxi ou aplicativos de carona –, além de ser mais caro, pode fazer com que a pessoa perca muito mais tempo no trânsito.

Morar próximo ao metrô, apesar de quase sempre custar mais caro, pode ser vantajoso em alguns casos. Trocar o aluguel de um apartamento antigo por um em edifício novo também pode reduzir gastos com condomínio, mas o custo do metro quadrado de um apartamento com menos anos de uso provavelmente será maior que o de um apartamento antigo.

MAIS GASTOS

CENÁRIO 1:

Aluguel menor, metragem maior em prédio antigo, longe do metrô

Aluguel: R$ 2 mil
Condomínio: R$ 660
Transporte: R$ 588
Total: R$ 3.248

CENÁRIO 2:

Aluguel mais caro, imóvel menor e mais novo, ao lado do metrô

Aluguel: R$ 2.300
Condomínio: R$ 500
Transporte: R$ 168
Total: R$ 2.968

MENOS GASTOS

Além da análise detalhada de cada gasto essencial, o exercício de preencher uma planilha de orçamento – mesmo que de vez em quando – serve como um termômetro de nossos gastos e sempre nos apresenta diversas opções de trabalhar nosso consumo de forma que ele se torne mais eficiente em prol da riqueza. Isso acontece porque é comum, no dia a dia, desprezarmos certos gastos considerados pequenos, como sair para comer fora de vez em quando, parcelar em doze vezes a troca anual do aparelho celular ou criar qualquer hábito consumista sem se dar conta do impacto mensal no orçamento. Se você ainda não parou e fez sua planilha, analisando cada um de seus gastos, pare tudo e o faça agora. Exemplos simples de como esse exercício pode ser útil não faltam:

- GASTO MENSAL COM PIZZA: **R$ 260**

  Pedir *delivery* de uma pizza em um bairro de classe média, em São Paulo, custa cerca de R$ 65 em 2018.

- GASTO EXTRA MENSAL COM TRANSPORTE: **R$ 252**

  Com a chegada de serviços de aplicativos para transporte, deixei de usar ônibus para voltar para casa e pego um carro particular.

- GASTO MENSAL COM PARCELA: **R$ 291**

  Troca anual de aparelho celular por modelo mais novo de R$ 3,5 mil, parcelado em doze vezes.

Os gastos acima poderiam estar sendo feitos tranquilamente por uma pessoa que acredita não consumir de forma exagerada. Ao fim de cada mês, porém, estes três simples hábitos causam um impacto de 803 reais no orçamento. Para uma pessoa que recebe um salário líquido de 4 mil reais mensais, esse gasto não é tão irrelevante assim, abocanhando cerca de 20% do orçamento.

E não, não tem problema gastar 20% do salário com isso ou qualquer outra coisa, desde que a ação seja controlada e realizada com base em um planejamento racional que comporte todos seus gastos essenciais e, o mais importante, dinheiro para seus investimentos.

Não há modelo de ajuste de finanças pessoais que funcione em um regime restrito em que nada é deixado para o lazer, pois faz parte de nossa rotina consumir. Além disso, muitas das atividades que mais nos dão prazer estão atreladas à compra de algo ou algum serviço. Mas vale lembrar que não há modelo em prol da riqueza que não exija a tomada de decisões às vezes difíceis, com a limitação de impulsos consumistas.

Acima de tudo, o investidor deve ter consciência de que existem decisões de muito maior impacto financeiro – como a compra de um imóvel ou carro – do que o gasto com o cafezinho na padaria todos os dias (trataremos disso nas próximas páginas). Minha sugestão, porém, é que, com o orçamento em mãos, alguns gastos que talvez sejam desnecessários ou exagerados possam ser repensados.

Olhando os exemplos dados, é muito fácil termos ideias de como cortar ou pelo menos diminuir alguns deles. A pizza, por exemplo, pode ser quinzenal, ou pode ser feita em casa de vez em quando. Dispensar o transporte público de vez em quando, em um dia em que você está muito cansado ou com pressa, tudo bem, mas por que transformar isso em um hábito diário? E em relação a ter o último lançamento do celular, existe justificativa para isso que não seja o puro e simples consumismo? Por mais que as tecnologias sejam atualizadas a todo momento, um aparelho bem cuidado pode sim durar dois ou três anos, fazendo bem para seu bolso e para o meio ambiente. Que tal colocar o valor desta parcela em um fundo e, no fim do ano, escolher um bem que pode ser negociado com desconto à vista?

Não posso responder a perguntas individuais sobre corte de gastos; dicas como as dadas acima são infinitas. Cada pessoa entende quais são suas reais necessidades e vontades, possui metas e objetivos que podem variar muito se comparados aos de outra pessoa. O trabalho de anotar gastos, portanto, é muito mais um apoio para a reflexão. Ele pode, muitas vezes, surpreender, já que é comum se assustar ao perceber que alguns gastos considerados banais na verdade estavam ocupando boa parte do orçamento, sem que fossem antes notados.

Encontrar uma fórmula eficiente, que ajude na economia no cotidiano, exige muito mais autocontrole do que técnica. Para exercitar essa ponderação individual, sugiro que você divida seus gastos essenciais do restante em seu orçamento, utilizando um modelo de planilha de orçamento que lhe agrade, preenchendo-o algumas vezes por mês. Existem programas de computador que ajudam a fazer isso, além de várias opções disponíveis em sites e aplicativos. Use a que for mais simples e atrativa para você, lembrando que este não deve ser um hábito mecânico, mas que possa transformar seu relacionamento com o dinheiro.

Não deixe de praticar, sempre que puder, estratégias que lhe ajudem a analisar o ritmo de seus gastos e como eles têm sido feitos ao longo do tempo. O roteiro abaixo é uma excelente forma de reflexão e pode ser repetido quantas vezes você achar necessário.

Liste as últimas cinco vezes que você gastou mais do que deveria e se arrependeu:

1 ______________________________

2 ______________________________

3 ______________________________

4 ______________________________

5 ______________________________

Quanto dinheiro você gastou a mais do que deveria no último mês?

R$ ______________________________

Se você continuar gastando mais do que deve, pense em três coisas que podem acontecer com as pessoas que você mais ama:

1 ____________________

2 ____________________

3 ____________________

Quais são as três coisas que você poderia fazer agora para gastar menos e melhor, que dependem exclusivamente de você?

1 ____________________

2 ____________________

3 ____________________

UM PONTO DE PARTIDA

Não existe regra única e certeira aplicável para todos quando se trata de orçamento familiar, mas entendo que muita gente necessita de algum norte ou de um objetivo claro para começar a organizar a vida financeira.

Por isso, proponho que, caso você ainda não tenha muita ideia de como estruturar seu consumo mensal, parta do pressuposto de que os gastos essenciais devem ocupar, no máximo, 50% de sua renda. Sei que, ao colocar este porcentual em números, parecerá muito difícil chegar a este patamar. Eu passei por isso, precisei trabalhar muito e buscar soluções que me permitiram, pouco a pouco, mudar minha realidade financeira, mas manter uma meta de se aproximar aos poucos destes 50% em mente é essencial. Essa folga no orçamento é necessária para investimentos e outros gastos eventuais.

Separados os gastos mais importantes, cerca de 10% deve ser distribuído para outros gastos não essenciais e pelo menos 30% para investimentos. Os últimos 10% devem ser sempre liberados para serem "torrados", ou seja, podem ser gastos com o que você quiser com total liberdade, como compras ou lazer. Afinal, como disse anteriormente, viver apenas para trabalhar e guardar dinheiro é quase impossível, tornando-nos simples escravos do trabalho e do dinheiro.

É importante para o emocional de toda pessoa deixar um pedacinho do orçamento para a diversão ou compras que você considera mais ligadas ao prazer do que às suas necessidades.

DIVISÃO BÁSICA DE GASTOS

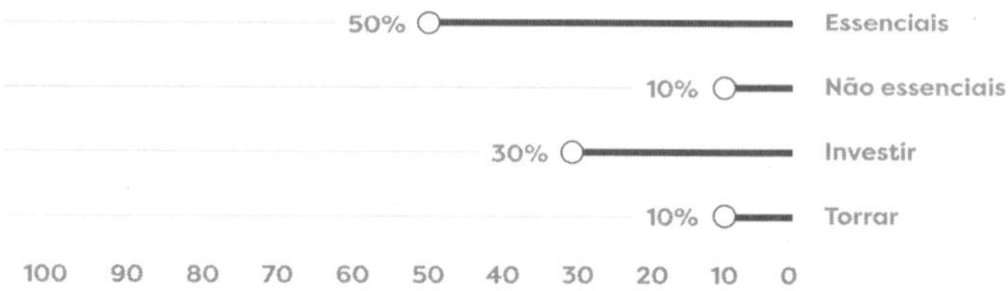

Dei exemplos sobre como você pode repensar seus gastos essenciais e não essenciais. Mas pensar com cuidado sobre os 30% que devem ser usados para arrecadar fundos para o primeiro milhão é também parte fundamental da engrenagem da riqueza. A primeira grande meta financeira de toda pessoa que começa a planejar o futuro parte do orçamento, pois é com ele que se calcula qual é o valor do chamado "fundo de emergência".

O próprio nome já esclarece: esse fundo nada mais é do que um dinheiro reservado para algum gasto que pode desequilibrar significativamente o orçamento ou que exija a contração de uma dívida para ser quitado. No modelo que proponho, ele serve tanto para cobrir gastos inesperados como pode ser manejado para cobrir algumas contas que são conhecidas e ocorrerão no futuro.

A formação do fundo de emergência é primordial para o pensamento de longo prazo. Ele é a solução para problemas financeiros urgentes que não podem ser projetados nem sequer imaginados. Além disso, pode ser um apoio extra para aquelas situações no curto prazo com grande potencial de sobrecarregar o orçamento. Imprevistos são sempre previsíveis. Por mais que não gostemos deles, sempre acontecem.

Como o fundo serve para emergências, oportunidades e curto prazo, é importante que ele seja guardado de alguma maneira que ofereça liquidez, sendo facilmente resgatável. Por isso, não é o tipo de investimento que deve ser mantido em ações ou renda variável, pois pode acontecer de, no momento de necessidade, o mercado estar em baixa e seu capital ser muito afetado por uma turbulência momentânea.

Minha sugestão para o fundo de emergência é que ele seja o valor da soma do custo de vida – ou seja, aqueles gastos essenciais sobre os quais já tratamos – por pelo menos seis meses para empregados com registro em carteira de trabalho. Isso é possível, pois esse tipo de profissional consegue ter uma previsibilidade maior dos seus ganhos todos os meses. Porém, se você for um profissional autônomo ou possuir uma renda variável, minha dica é formar um fundo que cubra pelo menos um ano de custos.

6 MESES	**Profissional assalariado** Registrado e com ganhos mensais fixo
1 ANO	**Autônomo e empresário** Ganhos mensais variáveis

E o que, exatamente, deve ser coberto pelo fundo de emergência? Quase sempre é difícil prever, pois ele está sendo formado para prevenir um desbalanceamento completo do seu fluxo de renda e gastos devido a um evento imprevisto. Na maior parte das vezes, o uso do fundo de emergência é associado a um evento pessoal negativo, por isso poder contar com ele pode ser um apoio psicológico importante em uma fase da vida em que as coisas não vão muito bem. Imagine se, além de enfrentar um problema, você ainda tenha de fazer uma dívida enorme para resolvê-lo?

É por essa e outras razões que pensar com cuidado nos gastos e planejar as finanças para o futuro – mesmo que no curto prazo – não pode ser dissociado de nossa felicidade e tranquilidade emocional. Alguns detalhes que parecem simples, como a formação de um fundo, podem ser um apoio essencial para aquele momento da vida mais nebuloso, em que pensar em finanças estará longe de suas prioridades.

Sugiro também que o fundo de emergência possa ser usado, no futuro próximo, na cobertura de um gasto que seja esperado ou cíclico. Desde que esse montante possa ser rapidamente devolvido ao fundo, não vejo problemas em usá-lo, por exemplo, para aquele período do ano, como em janeiro, quando contas, impostos e matrículas se acumulam, ultrapassando os gastos fixos médios do restante do ano.

Esses períodos de maiores gastos são sazonais, mas são esperados. Mesmo assim, é bem comum escutar amigos, parentes e conhecidos reclamando que os gastos feitos no Natal viraram uma bola de neve junto com as contas de janeiro. Dezenas de reportagens nessa época do ano mostram como famílias se endividam para equilibrar as contas, fazem cortes drásticos no consumo e têm dificuldades de lidar com os vários reajustes de preços pagos por serviços que pipocam no orçamento. Que tal, no ano que vem, estar preparado para tudo isso?

O QUE UM FUNDO DE EMERGÊNCIA PODE COBRIR?

Gastos com remédios e tratamentos para um problema grave de saúde. Nem sempre tudo é coberto pelo plano de saúde.

Pagamento de danos ou sinistro de automóvel em caso de acidente.

Período de desemprego ou redução drástica de renda.

Pedido de ajuda familiar inesperado.

Taxas e impostos a serem pagos no início do ano.

Oportunidades.

Entenderemos mais sobre investimentos na próxima etapa deste livro, na qual trato com mais profundidade as diversas opções para fazer seu dinheiro trabalhar por você. Neste ponto da formação do fundo de reserva, porém, é importante que você comece a estudar aplicações que rendam melhor que a poupança.

Se estamos falando de dinheiro que precisa ter liquidez e seja resgatável, encolhemos um pouco o leque de opções que pagam bons juros. Mesmo assim é possível fazer com que o dinheiro, pelo menos, ofereça taxas acima da inflação real. Abaixo, estão algumas das opções disponíveis para sua reserva de emergência:

TESOURO DIRETO | TESOURO SELIC

O Tesouro Direto é um programa de investimentos que foi criado pelo Tesouro Nacional, em parceria com a Companhia Brasileira de Liquidação e Custódia (CBLC), que realiza a venda de títulos públicos para pessoas físicas.[1] O objetivo desses ativos é captar recursos para o financiamento da dívida pública, assim como provisionar atividades de saúde, segurança e educação promovidas pelo governo federal. Em outras palavras, é como se você emprestasse dinheiro ao governo, com a garantia de receber o que investiu de volta ao fim do contrato.

São oferecidas à população algumas variantes de títulos do Tesouro, incluindo papéis com taxas prefixadas, opções com pagamentos semestrais e rendimentos que podem estar atrelados tanto à taxa de juros básica, a Selic, quanto a outros índices, como o Índice Nacional de Preços ao Consumidor (IPCA).[2] Para o fundo de emergência, o mais indicado é o Tesouro Selic, já que o valor de mercado desse título apresenta baixa volatilidade, evitando perdas no caso de venda antecipada.

Como os títulos são pós-fixados, possuem uma volatilidade geralmente muito baixa, e o Tesouro Direto faz a recompra em todo dia útil, o que é bem conveniente em caso de necessidade imediata de resgate de dinheiro. Além disso, pelo fato de o empréstimo estar sendo feito para um país, e não para uma instituição financeira, a chance de calote é baixa. Afinal, qual é a probabilidade de uma nação falir e não cumprir com seu dever de pagamento? É bem baixa.

Por essas razões, o Tesouro Direto é aconselhado para quem possui um perfil mais conservador e para aqueles que não sabem ainda quando precisarão realizar um resgate. Sobre ele, incidirão ainda apenas 0,3% de taxa de custódia cobrada pela Bolsa de Valores para os serviços de guarda dos títulos, informações e movimentações dos saldos, e taxas da sua corretora, lembrando que muitas instituições não cobram por esse serviço.

Também recai sobre o dinheiro aplicado no Tesouro Direto a cobrança de imposto de renda (IR) regressivo. Assim como em todos os investimentos de renda fixa, o imposto de renda diminui à medida que se deixa o dinheiro guardado por mais dias, de acordo com a seguinte regra:

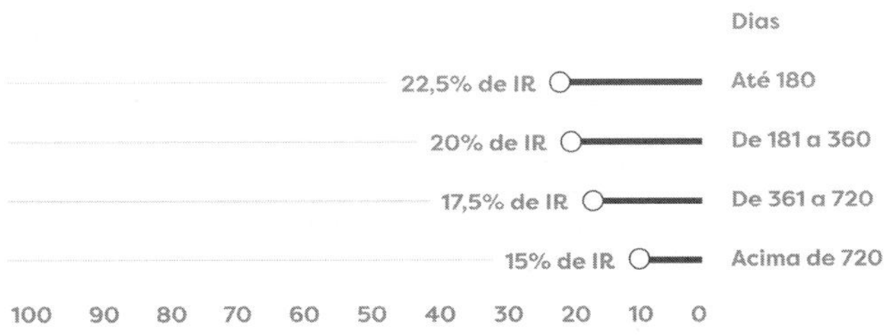

1 (Tesouro Nacional, 2018).

2 (Tesouro Nacional, 2018).

Lembre-se: a regra do IR é válida para todos os investimentos de renda fixa, ou seja, quem resgatar dinheiro antes de seis meses de aplicação vai sempre pagar uma parcela maior de imposto sobre seus rendimentos. Para pagar um IR de apenas 15%, o investimento em renda fixa deve ser mantido por, no mínimo, dois anos. O fundo de emergência muitas vezes será requisitado antes disso, mas um bom investimento garante rentabilidade mesmo diante de um IR um pouco maior.

Imaginemos duas situações em que você investe 5 mil reais a uma taxa de juros anual de 7%. Na primeira, você resgata a aplicação em cinco meses. Na segunda, em dois anos.

PRIMEIRA SITUAÇÃO

Investimento inicial:	R$ 5 mil
Rendimento:	7% a.a.
Período:	5 meses
Imposto de renda:	22,5% sobre o rendimento
Valor final bruto:	R$ 5.142,96
Valor do IR:	R$ 32,17
Valor final líquido:	R$ 5.110,79

SEGUNDA SITUAÇÃO

Investimento inicial:	R$ 5 mil
Rendimento:	7% a.a.
Período:	2 anos
Imposto de renda:	15% sobre o rendimento
Valor final bruto:	R$ 5.724,50
Valor do IR:	R$ 108,68
Valor final liquido:	R$ 5.615,82

FUNDOS DE RENDA FIXA REFERENCIADOS DI (FUNDOS DI)

Conhecidos como o "arroz com feijão" do mercado, são fundos de renda fixa de baixíssimo risco, totalmente ou quase em sua totalidade atrelados aos títulos públicos federais. Contam com liquidez diária e permitem que recursos possam ser sacados a qualquer momento.

Muitos Fundos DI permitem aplicações de baixo valor inicial, o que é importante para investidores que estão começando a investir ou para aqueles que querem fazer aportes adicionais constantes. São divididos em dois tipos:

Fundo de Renda Fixa Baixa Duração Soberano	Aplica 100% do seu investimento em títulos públicos federais, como o Tesouro Direto.
Fundo de Renda Fixa Baixa Duração Grau de Investimento	Ao menos 80% das aplicações são feitas em títulos públicos associados à Selic.

O grande chamariz dos Fundos DI é que a rentabilidade deles tem como meta acompanhar as taxas do Certificado de Depósito Interbancário (CDI), que por sua vez é o índice utilizado pelos bancos para realizarem empréstimos entre si. O CDI é uma taxa que caminha muito próxima à variação da Selic, com frequência apenas cerca de 0,2% abaixo dela, protegendo o patrimônio dos investidores no longo prazo.

Como você deve ter notado, os Fundos DI são compostos por ativos do Tesouro Direto. E por que, então, valeria a pena investir em um Fundo DI em vez de aplicar diretamente no Tesouro?

Como explicado na tabela anterior, os fundos grau de investimento não aplicam 100% dos recursos no Tesouro e a eles é permitida uma diversificação minimamente maior, porém atrelada a títulos bem seguros. Com um leque maior de opções para investir, alguns desses fundos conseguem atingir uma rentabilidade total acima do Tesouro Selic, e é nessa situação que podem se tornar mais vantajosos.

Para que seja rentável optar pelo fundo, e não pela aplicação direta em títulos, geralmente é preciso que o Fundo DI pague, ao menos, 95% da taxa do CDI. Isso porque a rentabilidade dos fundos, apresentada nas chamadas "lâminas" por seu gerente ou corretor, deve ser líquida, descontadas todas as taxas. Já sobre o Tesouro Selic, sempre vai recair aquela taxa de 0,3% cobrada pela Bolsa, além de uma eventual taxa cobrada pelo agente de custódia, que nos bancos comerciais – aquele em que você tem conta-corrente – costuma ser de 0,45%. Em números:

Tesouro Selic

- Rendimento atrelado à Selic de 10%
- 0,3% da Bolsa
- 0,45% do agente de custódia
(taxa pode ser zero em algumas corretoras)

Rendimento final: 9,25%

Fundo DI a 95% do CDI

- Rendimento atrelado ao CDI de 9,8%
- Rentabilidade líquida apresentada já na lâmina
- Atenção à taxa cobrada pelo banco

Rendimento final: 9,31%

Seguindo com os exemplos, vamos imaginar o que acontece em cinco, dez e quinze anos com dois investimentos iguais de 10 mil reais, um no Tesouro Selic e outro em Fundo DI.

TESOURO SELIC

Investimento inicial:	R$ 10 mil
Rendimento:	9,25% a.a.
Resultado em cinco anos:	R$ 15.563,50
Em dez anos:	R$ 24.222,25
Em quinze anos:	R$ 37.698,30

FUNDO DI

Investimento inicial:	R$ 10 mil
Rendimento:	9,31% a.a.
Resultado em cinco anos:	R$ 15.606,28
Em dez anos:	R$ 24.355,61
Em quinze anos:	R$ 38.010,05

A simples matemática acima demonstra que as tomadas de decisões de investimento não podem ser feitas sem um pequeno estudo anterior. Como os Fundos DI são oferecidos por instituições financeiras, é preciso avaliar atentamente se as taxas de administração cobradas deixam a rentabilidade final competitiva comparada a outras aplicações. Outro ponto a ser questionado é se a instituição cobra uma pequena taxa sobre cada nova aplicação feita, conhecida no mercado financeiro como "taxa de carregamento". Pense que, caso você planeje aplicar todos os meses pequenas quantias em Fundos DI, a taxa de carregamento pode ser uma pedrinha no sapato, pois ela torna muito mais vantajoso fazer aportes maiores e menos frequentes.

Outro ponto de atenção é que, geralmente, os fundos DI oferecidos pelos grandes bancos comerciais cobram taxas maiores de quem investe menos, o que pesa – e muito – na rentabilidade final do investimento. Ou seja, não confie em uma única "lâmina" enviada pelo seu gerente ou agente financeiro: peça a ele o rendimento de todos os fundos oferecidos pela instituição, faça as contas e não deixe que decidam por você onde é melhor aplicar seu próprio dinheiro.

A seguir, podemos ver a comparação de dois fundos de investimento, o BTG Pactual Yield DI e o Itaú Uniclass Premium RF DI, e notar como trazem resultados diferentes.[1]

1 (Vérios, 2018)

JUROS SIMPLES X JUROS COMPOSTOS

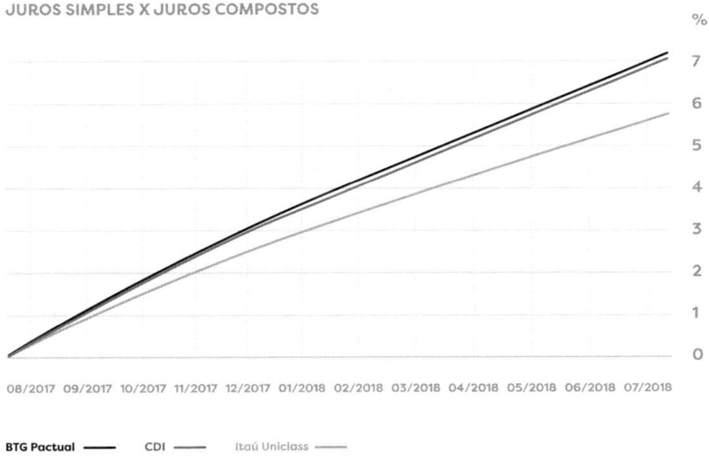

Ambos são fundos DI, com praticamente o mesmo nível de risco na aplicação e mesma liquidez. No entanto, a taxa de administração anual cobrada pelo BTG Pactual Yield é de 0,3% e a do o Itaú Uniclass de 1,4%. Por isso, o BTG Pactual Yield obteve um rendimento de 101,78% do CDI entre o período de agosto de 2017 e julho de 2018, enquanto o Itaú Uniclass alcançou apenas 79,8% do CDI.

CERTIFICADO DE DEPÓSITO BANCÁRIO (CDB)

O CDB é um dos investimentos em renda fixa mais populares do mercado. Ele representa um título – daí vem o nome "Certificado" – de renda fixa emitido pelos bancos para captar dinheiro, que será devolvido a você no fim do contrato acrescido de juros.

Para entender como o CDB funciona, é preciso compreender como os bancos trabalham e conseguem garantir lucro. De uma maneira simplificada, toda instituição financeira utiliza o dinheiro de seus clientes depositado em conta-corrente em uma outra série de serviços, como em um empréstimo a uma terceira pessoa ou empresa. O banco trabalha com o dinheiro do cliente enquanto o mantém sob sua posse, e em troca garante devolvê-lo integralmente assim que lhe for requisitado.

Como é de se esperar, o banco não pode utilizar o dinheiro de seus clientes de forma ilimitada, pois isso geraria um risco enorme de quebra do sistema. Já imaginou se um banco sofre calote em diversos empréstimos e não pode entregar papel-moeda a um cliente que está sacando o próprio dinheiro em um caixa?

Como o Banco Central[1] controla o limite de utilização dos depósitos em conta-corrente, os bancos não remuneram seus clientes sobre esses empréstimos que ele realiza com todo o dinheiro que está depositado e em seu poder. Para obter outras fontes de recursos, os bancos podem oferecer um acordo de depósito a prazo via CDBs, em que ele combina com o cliente uma taxa de juros a ser paga, pré ou pós-fixada.

Esse é um tipo de contrato bem seguro quando realizado com aportes de até 250 mil reais, que é o teto coberto pelo Fundo Garantidor de Crédito (FGC), instituição criada em 1995 por uma resolução do Conselho Monetário Nacional (CMN)[2]. A entidade administra mecanismos de proteção a titulares de créditos contra instituições financeiras e cobre o calote sofrido por clientes em alguns tipos de operações, incluindo os CDBs. Dessa forma, basta que o aplicador não ultrapasse esse limite de aporte em cada instituição para ter proteção garantida. Nada impede que você tenha, por exemplo, 200 mil reais em um banco e mais 150 mil reais em outro, garantindo assim pagamento integral de todo o seu capital, mesmo em caso de quebra das duas instituições.

CDB prefixado 〉 Você conhece exatamente o valor que vai receber no vencimento. Se o contrato foi fechado com uma taxa prefixada de 12% a.a., significa que sua rentabilidade será de exatamente 12%, sem surpresas.

CDB pós-fixado 〉 Nesse caso, não é possível determinar exatamente quanto você vai receber, já que o valor varia de acordo com o indexador combinado. O indexador é uma porcentagem estabelecida com base em um índice, no caso o CDI.

Em geral, uma porcentagem do CDI é usada como base para o CDB. Assim, se um banco lhe oferecer um CDB que pague 95% do CDI, e o CDI for de 10% ao ano, seu CDB vai render, no total, 9,5% ao ano.

A porcentagem do CDI oferecida varia de acordo com alguns fatores. Um deles é o tamanho do banco: grandes bancos comerciais oferecem parcelas menores do CDI, pois eles têm muitos clientes e não precisam se esforçar para obter recursos. As instituições de pequeno e médio porte, por outro lado, oferecem remunerações maiores para captar mais dinheiro e atrair investidores. Você pode comprar títulos emitidos por esses bancos sem precisar abrir uma conta neles, pois a transação pode ser feita por meio de uma corretora de valores.

---

1 (Banco Central, 2018).

2 (FGC, 2018).

O prazo e a liquidez também influenciam no rendimento. Títulos com vencimentos mais distantes e que não permitem o resgate antes dessa data geralmente oferecem remunerações maiores que aqueles de prazo mais curto e liquidez diária. Por fim, é importante notar que o valor investido deve ser considerado, pois há CDBs que oferecem porcentagens maiores, mas exigem, em contrapartida, a aplicação de quantias elevadas.

Na maior parte das vezes, o CDB é uma alternativa com rentabilidade bem melhor do que a poupança, mesmo que sobre ele recaia a cobrança de IR. Com uma conta em corretora, é possível que você tenha acesso a CDBs de várias instituições, com diferentes rentabilidades e prazos entre eles. Caso queira obter um CDB do banco em que possui conta-corrente, você terá que analisar as diferentes opções de CDB por conta própria.

Vamos comparar um CDB de liquidez diária a um CDB para três anos e à poupança. Considerando taxas disponíveis no mercado, temos:

100% do CDI: 6,39% a.a.
CDB Banco Inter Liquidez Diária, 101% do CDI, com IR.
CDB Banco Pan, 119% do CDI, com IR.
Poupança, 4,55% a.a. (70% da Selic + TR), sem IR.

Investindo 5 mil reais por um período de três anos, o resultado seria:

Retorno líquido CDB Banco Inter: R$ 5.876,55
Retorno líquido CDB Banco Pan: R$ 6.044,51
Retorno líquido poupança: R$ 5.714,02

Ou seja, a poupança perde em rendimentos tanto para o CDB de liquidez diária quanto para o de maior prazo.

Mais do que sair correndo para aplicar seu dinheiro após ver essas opções, o importante, num primeiro momento, é entender que o fundo de emergência deve ser formado com dinheiro pronto para ser resgatado a qualquer momento. Ele deve ser algo simples, não focado na maior rentabilidade.

Um alerta importante e sempre válido é saber que a economia de países em desenvolvimento, como o Brasil, não costuma ser estável e passa por turbulências difíceis de serem previstas. Regras e valor de taxas propostas pela política econômica tendem a mudar de tempos em tempos. É sempre relevante racionalizar todo tipo de aporte e verificar quais regras, rendimentos e perspectivas estão válidos para cada investimento no momento em que eles estão sendo realizados.

O canal **O PRIMO RICO** traz atualizações semanais sobre investimentos, mas vale falar com a corretora em que seu dinheiro está aplicado, verificar com cautela os serviços e produtos oferecidos pelo gerente do banco, além de conferir sites especializados e checar as notícias econômicas publicadas pela mídia em geral.

Fundo de emergência formado? Agora é continuar mantendo pelo menos 30% da renda mensal focada nos investimentos, que agora podem ser muito mais diversificados e contar com taxas de retorno ainda melhores. Nessa etapa, entra a renda variável e o pensamento focado no futuro. Confira a tabela do milhão e compare o valor que você tem hoje disponível para aplicar em seus investimentos, pois eles podem mostrar em quanto tempo você poderá atingir seu objetivo.

Não existe um momento ideal para guardar. Quanto mais cedo, melhor.

Se você acha que alcançar essa meta está muito mais longe do que imagina, refaça seu orçamento e estruture planos para aumentar receitas. Se você não é mais tão jovem e tempo não é uma opção, reflita se realmente vale a pena correr mais riscos para aumentar a rentabilidade de seus aportes, pois pode ser muito difícil depois recuperar o que foi perdido. Tempo e rentabilidade, juntos, serão seus grandes companheiros de agora em diante.

A verdade é que gastar dinheiro é muito bom. Mas gastar quando se tem dinheiro é muito melhor.

QUEM CASA QUER... FICAR RICO

As pessoas empobrecem muito mais pela falta de conhecimento do que pela falta de dinheiro. Pessoas que enriquecem dominam informações sobre investimentos, negócios e sabem que precisam construir ativos e itens que lhes gerem rendimento, não apenas gastos.

Na cultura de nosso país, no entanto, a noção sobre riqueza e investimentos vem sendo há muito tempo ensinada e discutida de maneira distorcida, gerando crenças infundadas sobre acúmulo de patrimônio. Esses erros, repetidos geração após geração, criam pessoas endividadas, que não conseguem destinar nenhuma parte do que ganham para investimentos.

Um exemplo claro dessa distorção é o que diz o famoso ditado: "Quem casa quer casa." Ele reflete um estilo de vida voltado à posse, que nem sempre se reflete em um aproveitamento adequado das receitas daquela família. E o resultado: um futuro engessado em dívidas.

A verdade é que muitos vivem apenas antecipando sonhos e acabam não desfrutando deles no momento correto e, mais importante, com total tranquilidade.

Com certeza você conhece alguém que, assim que começou a vida profissional, tinha o sonho de ter uma casa própria e fez disso seu foco principal, sem antes estudar a melhor forma de fazê-lo. Em poucos anos, não bastava mais para esse indivíduo ter somente a casa própria, pois também queria fazer uma grande festa de casamento e, para fechar o ano, por que não fazer aquela viagem dos sonhos?

É natural que o tamanho da nossa carteira seja menor do que os nossos sonhos. Pela falta de aprendizado de finanças e questões culturais, o brasileiro se acostumou a achar normal parcelar tudo e não colocar na ponta do lápis os custos desse hábito. O problema é que essa falta de conhecimento sobre finanças, mesclada com o apelo emocional de certas compras, faz com que milhares de brasileiros tomem decisões de altíssimo impacto financeiro muitas vezes sem reflexão alguma. Algumas delas são:

DECISÕES DE ALTO IMPACTO FINANCEIRO

1. Fazer aquela viagem dos sonhos.
2. Comprar um carro novo e financiado.
3. Ter filhos sem planejamento familiar adequado.
4. Financiar a maior parte de um imóvel.

E aí chegamos a um ponto fundamental deste livro. Como falei antes, não é cortando o cafezinho que você chegará ao milhão. Mas financiar mais de 50% de um imóvel ou um carro inteiro pode, sim, postergar em muito este resultado. Se utilizar o capital de terceiros para grandes compras for um hábito recorrente, então, a vontade de acumular patrimônio pode ser apenas uma ilusão, pois a maior parte da renda dessa pessoa estará sempre ocupada com pagamento de juros e não no recebimento.

O raciocínio é simples. Nenhuma empresa ou instituição coloca um bem em suas mãos ou empresta dinheiro porque é bonzinho. A moeda de troca são sempre os juros, e pagar os juros é o que distingue os ricos dos pobres.

O POBRE PAGA JUROS PARA SEMPRE, O RICO OS RECEBE.

A verdade, porém, é que não há uma resposta única e simples para cada decisão financeira tomada. Como falamos anteriormente, este livro não pretende passar uma receita pronta para a riqueza – até porque ela não existe –, nem ditar o que é prioridade para você. Mas vou ajudar você, estimulando um raciocínio mais realista antes de cada escolha, evitando que o puro apelo consumista seja seu guia o tempo todo.

É comum ouvirmos de diversos especialistas conclusões superficiais e que não correspondem à realidade de todas as pessoas. Uma das coisas mais faladas, por exemplo, é que é mais vantajoso alugar um apartamento e investir o excedente da parcela do financiamento do que partir para um empréstimo de longo prazo. Mas será que isso é válido para todos os casos?

Com alguns números em mãos, veremos que isso nem sempre faz sentido. Algumas variáveis podem ser fundamentais para a decisão entre alugar ou financiar, e, nessa escolha, pesa muito o valor do imóvel. Quanto mais caro ele for, a tendência de manter o aluguel aumenta. Isso porque, além de os valores de apartamentos menores serem proporcionalmente mais caros do que comparados a um apartamento maior, o poder dos juros compostos com uma dívida muito grande é perturbador. Uma coisa é financiar 200 mil reais em trinta anos, outra bem diferente é financiar 600 mil reais.

Outra realidade é que, dependendo da entrada a ser dada, a parcela do financiamento pode ser menor que o valor do aluguel. Nesse cenário, se a pessoa não possui excedente de capital para continuar investindo, apostar na casa própria pode ser uma decisão financeira mais sábia do que se manter no aluguel.

Podemos partir para um exemplo prático com números, mas rapidamente ficará claro que saber qual é a melhor decisão a ser tomada é algo muito pessoal.

Imaginamos que, para a compra de um imóvel de padrão médio na cidade de São Paulo, com preço de 700 mil reais, um sujeito analisa as melhores opções de investimento. Por ser novo, até 80% do valor pode ser financiado em trinta anos. Caso opte por morar de aluguel em prédio semelhante, o valor a ser pago seria de 3 mil reais mensais.

Consideramos um empréstimo imobiliário feito com a tabela SAC,[1] que é aquela em que as parcelas diminuem de valor ao longo do tempo, de custo total de 0,9% ao mês. A rentabilidade do investimento nesta comparação foi bem conservadora, de apenas 0,55%, e se refere ao rendimento ganho caso o dinheiro fosse aplicado, e não gasto com a compra do imóvel. Foram ainda estimadas algumas variáveis; o índice de atualização do imóvel é uma referência de mercado para a valorização do imóvel ao longo do tempo, além do reajuste do aluguel.

E assim ficou nossa tabela inicial de comparação:

1 Sistema de amortização em financiamento de imóveis no qual as parcelas têm valores decrescentes.

TABELA SAC

Dados para a simulação	
Valor financiado	R$ 560.000,00
CET (total) (ao mês)	0,9%
Número de meses	360
Índice de Reajuste do imóvel (a.m.)	0,2%
Preço do aluguel (a.m.)	R$ 3.000,00
Rentabilidade do investimento (a.m.)	0,55%
Reajuste do aluguel (a.m.)	0,41%
Entrada do imóvel	R$ 140.000,00

Vamos avaliar agora como ficariam os primeiros dez meses nos dois cenários, comparando a compra do imóvel com o aluguel. Para que sejam equiparáveis, tanto o valor da parcela quanto o do investimento devem ser iguais ao fim de cada mês.

Primeiro, o financiamento:

FINANCIAMENTO

Mês	Prestação	Amortização	Juros	Saldo devedor	Imóvel atualizado
0				R$ 560.000,00	R$ 700.000,00
1	R$ 6.595,56	R$ 1.555,56	R$ 5.040,00	R$ 558.444,44	R$ 701.400,00
2	R$ 6.581,56	R$ 1.555,56	R$ 5.026,00	R$ 556.888,89	R$ 702.802,80
3	R$ 6.567,56	R$ 1.555,56	R$ 5.012,00	R$ 555.333,33	R$ 704.208,41
4	R$ 6.553,56	R$ 1.555,56	R$ 4.998,00	R$ 553.777,78	R$ 705.616,82
5	R$ 6.539,56	R$ 1.555,56	R$ 4.984,00	R$ 552.222,22	R$ 707.028,06
6	R$ 6.525,56	R$ 1.555,56	R$ 4.970,00	R$ 550.666,67	R$ 708.442,11
7	R$ 6.511,56	R$ 1.555,56	R$ 4.956,00	R$ 549.111,11	R$ 709.859,00
8	R$ 6.497,56	R$ 1.555,56	R$ 4.942,00	R$ 547.555,56	R$ 711.278,71
9	R$ 6.483,56	R$ 1.555,56	R$ 4.928,00	R$ 546.000,00	R$ 712.701,27
10	R$ 6.469,56	R$ 1.555,56	R$ 4.914,00	R$ 544.444,44	R$ 714.126,67

Agora, veremos como ficaria caso a escolha seja partir para o aluguel, contando desde o primeiro mês com o valor da entrada de 140 mil reais, que seria utilizado em aplicações que busquem um rendimento conservador de 0,55% ao mês:

ALUGUEL

Aluguel	Excedente	Investimentos
R$ 3.000,00	R$ 143.595,56	R$ 143.595,56
R$ 3.012,22	R$ 3.569,33	R$ 147.954,66
R$ 3.024,49	R$ 3.543,06	R$ 152.311,48
R$ 3.036,82	R$ 3.516,74	R$ 156.665,93
R$ 3.049,19	R$ 3.490,37	R$ 161.017,96
R$ 3.061,61	R$ 3.463,94	R$ 165.367,50
R$ 3.074,09	R$ 3.437,47	R$ 169.714,49
R$ 3.086,61	R$ 3.410,95	R$ 174.058,87
R$ 3.099,18	R$ 3.384,37	R$ 178.400,56
R$ 3.111,81	R$ 3.357,74	R$ 182.739,51

Agora vamos dar uma olhada ao longo do décimo ano no que aconteceu:

GASTAR BEM

FINANCIAMENTO

Mês	Prestação	Amortização	Juros	Saldo devedor	Imóvel atualizado
120	R$ 4.929,56	R$ 1.555,56	R$ 3.374,00	R$ 373.333,33	R$ 889.661,15
121	R$ 4.915,56	R$ 1.555,56	R$ 3.360,00	R$ 371.777,78	R$ 891.440,47
122	R$ 4.901,56	R$ 1.555,56	R$ 3.346,00	R$ 370.222,22	R$ 893.223,35
123	R$ 4.887,56	R$ 1.555,56	R$ 3.332,00	R$ 368.666,67	R$ 895.009,80
124	R$ 4.873,56	R$ 1.555,56	R$ 3.318,00	R$ 367.111,11	R$ 896.799,81
125	R$ 4.859,56	R$ 1.555,56	R$ 3.304,00	R$ 365.555,56	R$ 898.593,41
126	R$ 4.845,56	R$ 1.555,56	R$ 3.290,00	R$ 364.000,00	R$ 900.390,60
127	R$ 4.831,56	R$ 1.555,56	R$ 3.276,00	R$ 362.444,44	R$ 902.191,38
128	R$ 4.817,56	R$ 1.555,56	R$ 3.262,00	R$ 360.888,89	R$ 903.995,77
129	R$ 4.803,56	R$ 1.555,56	R$ 3.248,00	R$ 359.333,33	R$ 905.803,76
130	R$ 4.789,56	R$ 1.555,56	R$ 3.234,00	R$ 357.777,78	R$ 907.615,36

Enquanto isso, o aluguel:

ALUGUEL (DETALHADO)

Aluguel	Excedente	Investimentos
R$ 4.866,86	R$ 62,70	R$ 623.902,56
R$ 4.886,68	R$ 28,87	R$ 627.362,89
R$ 4.906,59	-R$ 5,04	R$ 630.808,35
R$ 4.926,58	-R$ 39,03	R$ 634.238,77
R$ 4.946,65	-R$ 73,10	R$ 637.653,99
R$ 4.966,81	-R$ 107,25	R$ 641.053,83
R$ 4.987,04	-R$ 141,49	R$ 644.438,14
R$ 5.007,36	-R$ 175,81	R$ 647.806,74
R$ 5.027,76	-R$ 210,21	R$ 651.159,48
R$ 5.048,25	-R$ 244,69	R$ 654.496,16
R$ 5.068,81	-R$ 279,26	R$ 657.816,63

Note que, neste ponto, o valor da parcela paga e o aluguel se igualam, sendo necessário, na teoria, retirar dinheiro dos investimentos para quitar o aluguel. O mais curioso, no entanto, é ver que o investidor que começou poupando os 140 mil reais da entrada, e continuou aplicando o excedente da parcela do financiamento não realizado, teria acumulado 623 mil reais ao chegar com disciplina ao 120º mês da estratégia. Enquanto isso, quem optou por comprar o imóvel teria uma propriedade de valor atualizado de 907 mil reais – caso não houvesse crises no setor imobiliário ao longo desse tempo –, mas um saldo devedor ainda de 357 mil reais.

Além da dívida a ser paga nos próximos vinte anos, o financiamento acaba muitas vezes engessando a família e fazendo com que ela perca oportunidades. Somem-se a isso a depreciação do imóvel – no caso do aluguel, quem paga os consertos e melhorias necessárias é o dono – e a falta de mobilidade – ao comprar um apartamento, quem garante que em trinta anos você vai continuar querendo morar no mesmo local?

Por outro lado, pode ser que quem tenha optado pelo financiamento o tenha feito sabendo que não é uma pessoa cautelosa com os gastos. É comum escutar de algumas pessoas que elas preferem ter uma conta fixa a pagar – no caso, o financiamento – para garantir que conseguirão juntar algum patrimônio no longo prazo.

Fazendo as contas, pode até ser que financiar o apartamento não seja bom, mas se alguém acha improvável conseguir investir mês após mês, por anos, o excedente que seria usado em uma parcela, quem pode alegar que decidir pelo financiamento foi errado? Melhor pagar juros e terminar o fim do período com o imóvel do que permanecer no aluguel sem disciplina alguma para investir.

Agora, vamos usar os mesmos dados, mas nos baseando em um rendimento melhor, de 1% ao mês. Esse percentual maior seria possível com uma mescla de ativos diferentes, incluindo renda variável. A diferença é assustadora no décimo ano. Enquanto a estimativa do financiamento permanece igual, o dinheiro no bolso do investidor se multiplica:

ALUGUEL

Aluguel	Excedente	Investimentos
R$ 4.866,86	R$ 62,70	R$ 974.458,10
R$ 4.886,68	R$ 28,87	R$ 984.231,56
R$ 4.906,59	-R$ 5,04	R$ 994.068,83
R$ 4.926,58	-R$ 39,03	R$ 1.003.970,50
R$ 4.946,65	-R$ 73,10	R$ 1.013.937,10
R$ 4.966,81	-R$ 107,25	R$ 1.023.969,22
R$ 4.987,04	-R$ 141,49	R$ 1.034.067,43
R$ 5.007,36	-R$ 175,81	R$ 1.044.232,29
R$ 5.027,76	-R$ 210,21	R$ 1.054.464,41
R$ 5.048,25	-R$ 244,69	R$ 1.064.764,37
R$ 5.068,81	-R$ 279,26	R$ 1.075.132,75

Ou seja, teria poupado um valor maior que o imóvel, com uma renda que lhe permite pagar um aluguel mais caro sem deixar seu patrimônio diminuir. Seguindo essa lógica, considerando rendimento de 1%, ao fim de trinta anos o resultado seria o seguinte:

FINANCIAMENTO

Total pago em juros	R$ 909.720,00
Total pago em prestações	R$ 1.469.720,00
Patrimônio total ao fim	**R$ 1.437.069,56**

ALUGUEL

Total pago em aluguel	R$ 2.446.127,72
Investimento total ao fim	**R$ 7.633.742,01**

É isso mesmo: enquanto quem comprou manteve-se endividado por trinta anos, pagou milhares de reais em juros e garantiu um imóvel, ao fim, estimado em 1,4 milhão de reais, quem investiu teria o equivalente a cinco desses imóveis, num total de 7,6 milhões de reais.[1] E aí fica de novo a pergunta: de qual lado dos juros você gostaria de estar, do que paga ou do que recebe?

IMÓVEL DE R$ 1,4 MILHÃO **OU** **INVESTIMENTOS DE R$ 7 MILHÕES**

E é assim que percebemos que comprar um imóvel não se trata apenas de realizar o "sonho da casa própria". É o tipo de decisão que pode separar, literalmente, uma pessoa comum de um milionário. O mesmo raciocínio vale para diversas outras compras de alto impacto financeiro que citamos. Quando é a instituição financeira que recebe os juros, eles enriquecem, não você.

1 Como os cálculos envolvem diversas variáveis e juros compostos, é necessário que o investidor construa uma planilha com as variáveis disponíveis e faça o cálculo dos juros compostos. Com uma rápida pesquisa na internet, é possível encontrar diversos modelos gratuitos semelhantes a esse, que fazem as contas automaticamente e comparam o custo do financiamento com o seu potencial de investimentos.

É por isso que a compra de um carro financiado, por exemplo, com certeza nunca vai valer a pena diante da possibilidade de utilizar transporte público e poupar o valor para uma compra à vista. Carros exigem manutenção periódica e terão seu valor de venda diminuído com o passar do tempo. Além disso, demandam gastos com combustível, taxas e impostos. Carro não é ativo, nem patrimônio, é gasto puro, e deve ser visto sempre como um passivo dentro do seu orçamento.

Mesmo diante do custo de manter o carro, a realidade é que o brasileiro médio adora esse tipo de bem e, de acordo com diversas pesquisas, faz uma relação direta entre um bom carro e status. Esse apego emocional a um passivo faz com que o tempo de troca de carro no país seja de apenas 1,7 ano, enquanto nos Estados Unidos é de 3,1 anos e no Reino Unido, de 3,5 anos.[1]

Aproveitando essa vontade de gastar do consumidor brasileiro, algumas montadoras instaladas no país, inclusive, criaram sistemas de financiamentos com a meta de fidelizar seus clientes. O chamariz para o consumidor é uma entrada menor atrelada a uma espécie de garantia de recompra do carro usado no fim de um período, desde que a venda seja feita para a aquisição de um novo carro na mesma loja. Caso o cliente não queira trocar de carro e embarcar em um novo financiamento, ele é obrigado a pagar mais algumas parcelas, chamadas de residual. As condições oferecidas, se friamente analisadas, parecem uma sentença de prisão perpétua ao endividamento.[2]

Veja uma simulação publicada no jornal *Folha de S.Paulo*:

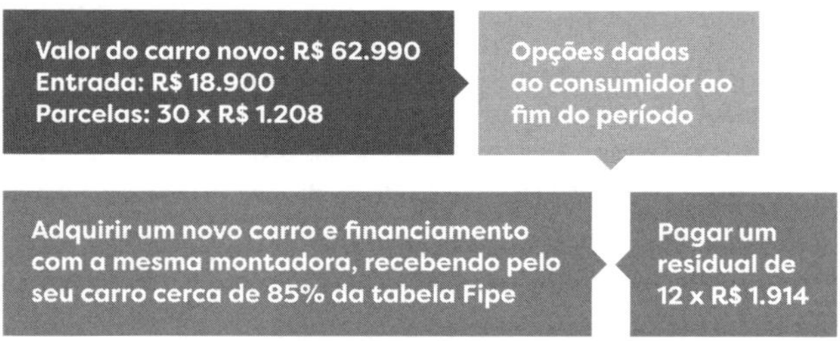

Dessa forma, o consumidor assume uma nova dívida ou paga um total de 78.108 reais pelo carro que à vista teria custado R$ 62.990,00.

1 (Telefônica, 2014).

2 (*Folha de S.Paulo*, 2018)

Se considerarmos ainda uma depreciação[1] de cerca de 10% ao ano, esse ativo no fim de 42 meses valeria apenas 45.002,83 reais. Se em vez de comprar o carro – e pagar juros – nós tivéssemos feito exatamente o inverso, ou seja, investido os 18.900 reais, passado trinta meses aplicando 1.208 reais todos os meses, e depois aplicado por mais doze meses os 1.914 reais, teríamos 95.750,99 reais.

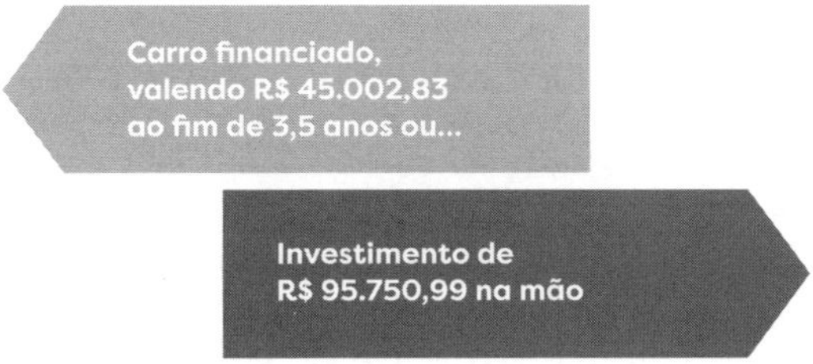

Nesse exemplo de financiamento casado com a recompra, as condições para a venda do usado para a loja ainda são rígidas, exigindo quilometragem e revisões dentro do prazo, sempre em concessionárias, entre outros. Vendo dessa forma, é difícil entender por que alguém entraria nesse tipo de enrascada. Mas a mesma matéria mostra o banco de uma montadora comemorando que esse tipo de contrato passou de uma participação de 45% dos financiamentos realizados entre fevereiro e abril de 2017 para 60% em dezembro do mesmo ano.

Evitar a antecipação do sonho é válido para todas as compras de alto valor realizadas. Assim como o carro novo, uma viagem internacional por ano pode consumir uma parte considerável do seu orçamento, ainda mais se for parcelada com juros. Você merece viajar todo ano, mas esse hábito pode se tornar um ciclo sem fim de pagamentos.

Mas como ser feliz no presente e, de alguma forma, usufruir do esforço de ter de trabalhar todos os dias? É para isso que servem aqueles 10% da sua renda que devem ser separados para serem "torrados". É nesse tipo de gasto que eles devem entrar em ação, sempre alinhados aos seus gastos essenciais e à receita para investimento, para que seu caminho rumo ao milhão não fique comprometido.

1 Existem determinados bens que perdem valor todo ano. O carro se enquadra nessa categoria. Geralmente, ele perde de 10 a 15% ao ano de seu valor total.

A verdade é que nem tudo na vida pode ser decidido apenas com uma calculadora na mão. Alguns grandes gastos entram em uma seara mais subjetiva, e são bastante difíceis de serem ponderados de forma apenas racional. Entram nessa categoria viagens, uma festa de casamento para muitos convidados e até mesmo a decisão de ter filhos.

Uma viagem ao exterior pode ser preparada com bastante antecedência para evitar o custo de parcelas; uma festa de casamento pode manter um orçamento apertado; um bebê pode ser planejado para um momento de vida financeira mais tranquila. A conta é simples: caso você deseje ter mais capital para gastar com algo, terá que cortar despesas fixas e essenciais ou começar a ganhar mais.

O melhor modelo de orçamento para sua renda será sempre aquele que você mesmo aprendeu a construir. Encontrar o equilíbrio entre seus gastos, investimentos e prazer pode ser difícil, mas um rápido *checklist* pode ser feito antes de toda compra e auxiliar na sua tomada de decisão:

CHECKLIST PARA DECISÕES DE ALTO IMPACTO FINANCEIRO

- ☐ **De que lado estão os juros, do seu ou do banco?**
- ☐ **Você está antecipando um sonho que pode ser usufruído com mais tranquilidade no futuro?**
- ☐ **Com esta decisão, conseguirá manter sua meta de investir, pelo menos, 30% da renda todos os meses?**
- ☐ **A motivação para este gasto é realmente importante para você ou apenas um ato consumista?**
- ☐ **Avalie o gasto e espere alguns dias para reavaliá-lo. Pondere se será necessário utilizar o cheque especial ou pagar juros altos. Pode ser que, em pouco tempo, seu impulso tenha diminuído e você nem considere mais o gasto tão importante. Acredite: a pressa não é só inimiga da perfeição, mas do seu bolso também.**

E assim fechamos o primeiro pilar proposto por este livro, que é o de aprender a raciocinar sobre os gastos. A partir de agora, você entende como o poder dos juros joga contra ou a seu favor, sabe da importância de racionalizar seu orçamento e repensar seus impulsos consumistas, uma vez que ter dinheiro e exibir bens e luxos não é, necessariamente, sinônimo de riqueza.

Seu salário pode ser mais alto que o dos seus amigos, sua renda pode ser suficiente para ter um bom padrão de vida comparado à maioria dos brasileiros. Não importa quanto entra, se a saída de capital ao longo do tempo for maior e o saldo for negativo, tenho de lhe avisar: você não é rico. Se você sonha com um salário maior pensando apenas no carro bonito, nas viagens de luxo para postar nas redes sociais, no consumismo desenfreado e, ao conseguir uma promoção, automaticamente aumenta seu padrão de vida, sem pensar no futuro, você... provavelmente também não será rico.

O dinheiro – junto com a ostentação – pode ser apenas uma máscara da riqueza se for desperdiçado, mal aplicado e não der garantias para o futuro. Quem esbanja não necessariamente tem uma conta bancária sólida e está preparado para todo tipo de eventualidade. Assim como usar uma máscara de super-herói no Carnaval não lhe dá poderes de verdade, ter dinheiro não o tornará rico enquanto você construir com ele apenas alicerces para a pobreza.

E agora, primo, vamos investir?

REFERÊNCIAS

Afonso, J. R. R. (maio de 2017). *Fomento da Poupança Previdenciária.* Fonte: FGV/IBRE: http://slideplayer.com.br/slide/12072556/

__________(23 de abril de 2018). *Portal IBRE/FGV.* Fonte: http://portalibre.fgv.br/lumis/portal/file/fileDownload.jsp?fileId=8A7C82C5593FD36B015BF80D3A-C65EFC

B3. (28 de março de 2018). Fonte: http://www.bmfbovespa.com.br/pt_br/servicos/market-data/consultas/historico-pessoas-fisicas/

___. (28 de março de 2018). Fonte: http://www.bmfbovespa.com.br/pt_br/servicos/market-data/cotacoes/

Banco Central. (02 de abril de 2018). Fonte: https://www3.bcb.gov.br/sgspub/localizarseries/localizarSeries.do?method=prepararTelaLocalizarSeries

__________. (28 de junho de 2018). Fonte: https://www.bcb.gov.br/htms/novaPaginaSPB/compulsorios.asp

__________. (28 de junho de 2018). Fonte: https://www.bcb.gov.br/htms/novaPaginaSPB/compulsorios.asp

__________. (04 de maio de 2018). *Calculadora do Cidadão.* Fonte: https://www.bcb.gov.br/calculadora/calculadoracidadao.asp

Banco Mundial. (02 de abril de 2018). Fonte: https://data.worldbank.org/indicator/FR.INR.LNDP?view=map

Barsi, L. (2017). O Código da Riqueza. (www.ocodigodariqueza.com.br, Entrevistador)

Bazin, D. (2017). *Faça Fortunca com Ações.* São Paulo: CLA.

Buffett, W. E. (2007). Os superinvestidores de Graham-and-Doddsville. Em B. Graham, *O investidor inteligente* (pp. 581-605). Rio de Janeiro: HarperCollins Brasil.

Buy Bitcoin Worldwide. (28 de março de 2018). Fonte: https://www.buybitcoinworldwide.com/pt-br/preco/ da Silva, J. X., Barbedo, C. H., & Araújo, G. S. (abril de 2015). Há efeito manada em ações com alta liquidez do mercado brasileiro? *Trabalhos para Discussão – Banco Central do Brasil.*

Esperandei, S., Viera, M. C., & Reis, A. C. (novembro de 2016). Adherence to physical activity in an unsupervised setting: Explanatory variables for high attrition rates among fitness center members. *Journal of Science and Medicine in Sport,* pp. 916-920.

FGC. (28 de junho de 2018). Fonte: https://www.fgc.org.br/garantia-fgc/sobre-a-garantia-fgc

FipeZap. (29 de março de 2018). Fonte: http://www.fipe.org.br/pt-br/indices/fipezap/

Folha de S.Paulo. (11 de Fevereiro de 2018). Financiamento de veículos vira plano de fidelização. São Paulo. Fonte: https://www1.folha.uol.com.br/sobretudo/rodas/2018/02/1956214-financiamento-de-veiculos-vira-plano-de-fidelizacao.shtml

Graham, B. (2007). *O investidor inteligente.* Rio de Janeiro: HarperCollins Brasil.

IBGE. (23 de abril de 2018). *IBGE.* Fonte: Instituto Brasileiro de Geografia e Estatística: https://ww2.ibge.gov.br/home/estatistica/indicadores/precos/inpc_ipca/defaultseriesHist.shtm

Social Blade. (03 de abril de 2018). Fonte: https://socialblade.com/youtube/user/thigas

Sperandei, S., Vieira, M. C., & Reis, A. C. (novembro de 2016). Adherence to physical activity in an unsupervised setting: Explanatory variables for high attrition rates among fitness center members. *Journal of Science and Medicine in Sports,* pp. 916-920.

Taleb, N. N. (2012). *Antifragile.* Nova York: Random House.

Telefónica. (2014). *Connected Car Industry Report.* Fonte: https://iot.telefonica.com/system/files_force/telefonica_digital_connected_car_report_english_36.pdf?download=1

Tesouro Direto. (28 de março de 2018). Fonte: http://www.tesouro.gov.br/pt/balanco-e-estatisticas

Tesouro Nacional. (12 de junho de 2018). Fonte: http://www.tesouro.gov.br/tesouro-direto-entenda-cada-titulo-no-detalhe#this

______________. (24 de junho de 2018). Fonte: http://www.stn.fazenda.gov.br/tesouro-direto-entenda-cada-titulo-no-detalhe

Vérios. (27 de julho de 2018). *Comparação de Fundos.* Fonte: https://verios.com.br/apps/comparacao/log/1ano/cdi/

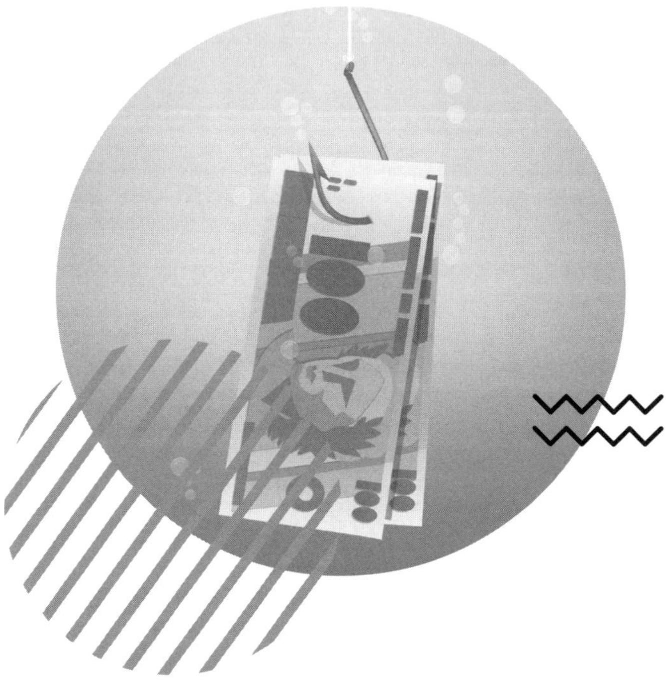

PILAR 2

INVESTIR MELHOR

Realizando projeções realistas

Existe um comportamento comum a todas as pessoas que pretendem começar a investir: ao decidirem se vale a pena aportar recursos em uma determinada aplicação, olham primeiro para o rendimento. Se ele for satisfatório, passam para a próxima etapa, a de verificar outras condições; caso contrário, a aplicação é desconsiderada.

Esse comportamento é errado por diversos motivos, mas existe uma falha principal nele, a de execução. Isso porque, para descobrirmos se o rendimento de uma aplicação é satisfatório ou não, temos que recorrer a uma projeção. Só que poucos sabem fazer projeções realistas. A maioria das planilhas e cálculos acaba sendo muito mal utilizada, e oportunidades que às vezes não são ruins são abandonadas por simples erros de conta.

Há uma maneira de comparar diferentes aplicações no mercado financeiro, que carinhosamente apelidei de "Triângulo de Nigro". Não inventei a teoria, mas é a fórmula que encontrei para simplificar a avaliação de aplicações no mercado financeiro. O Triângulo de Nigro considera que todo investimento deve ser observado em três pontas: a do risco, a da liquidez e a do rendimento.

As três pontas apresentam uma relação muito íntima. Se uma aplicação é arriscada para o investidor, esse risco que será tomado deve ser convertido em um "prêmio" nas demais pontas do triângulo. É preciso ganhar algo com o que está na ponta oposta do que se escolhe.

É o que vemos, por exemplo, no mercado de ações. Quando o investidor decide entrar na Bolsa de Valores, o risco da operação é muito maior, por ter de lidar com as oscilações de preços e o desempenho das empresas de capital aberto. Todavia, esse risco maior é compensado por maiores possibilidades de ganhos.

No período de 1995 até 2018, por exemplo, enquanto o CDI rendeu aproximadamente 9,35% ao ano em retornos reais – ajustado pela inflação –, a ação da Ambev devolveu a seu acionista 18,12% ao ano.

Agora podemos pensar em outro exemplo, focando a liquidez: os CDBs. Encontramos no mercado CDBs de uma mesma instituição, mas com diferentes prazos. Por serem da mesma instituição, o risco de crédito é sempre o mesmo, mas a mudança de liquidez também interfere no rendimento da aplicação, como podemos ver a seguir:

CDB Liq. diária	BANCO PAN S/A CDB Pan - junho/2019	Regressivo	100% CDI	365 dias	R$ 1.000,00
CDB	BANCO PAN S/A CDB Pan - junho/2021	Regressivo	119% CDI	1.096 dias	R$ 5.000,00

A imagem apresenta dois CDBs de uma mesma instituição, mas enquanto um vence em 365 dias, o outro termina em 1.096 dias. Essa diferença de vencimento, por sua vez, foi compensada pelo rendimento da aplicação, que passou a ser de 119% do CDI.

Imagine que você tenha dinheiro aplicado no banco e pode resgatá-lo a qualquer momento. Seu ganho – hipotético – é de 10% ao ano. Se seu gerente propuser travar essa aplicação por dez anos, o que você vai fazer? Resgatar ou continuar com a aplicação? Depende. Se ele te oferecer uma taxa maior para compensar esse benefício de resgate imediato que você não terá mais, você pode cogitar deixar seu dinheiro aí.

Por isso, a ideia do Triângulo de Nigro é simples: na hora de analisar suas aplicações, faça uma comparação entre as aplicações disponíveis e veja qual faz mais sentido, de acordo com o prêmio que elas oferecem. Se, no exemplo anterior, os dois CDBs tivessem a mesma rentabilidade, a melhor opção, claramente, seria o CDB com maior liquidez, ou seja, com a menor data de vencimento. Isso porque você teria acesso mais rápido ao seu investimento sem nenhuma contraparte comparado ao CDB de maior data de vencimento.

Para efeitos de comparação, sempre avalie algum título público também, preferencialmente o Tesouro Selic, já que ele é o mais seguro do Brasil teoricamente. Se entre o Tesouro Selic e um CDB não houver um prêmio que justifique o seu risco maior na operação, você deve optar pelo de menor risco, o Tesouro Selic.

CALCULAR CORRETAMENTE FAZ A DIFERENÇA

Errar décimos da inflação ou se esquecer de contabilizar o imposto de renda na projeção pode fazer você tomar uma decisão fora da realidade. Podemos ir um pouco além e notaremos que, apesar de alguns até se lembrarem de adicionar essas variáveis, não sabem como calculá-las da forma correta. Presenciei muitos casos em que, por exemplo, investidores descontaram a inflação de um período apenas subtraindo a taxa de inflação da taxa de juros nominal.[1] Isso está errado, mas é o tipo de resultado que compartilham na internet, em livros, no trabalho e entre amigos.

Na tabela a seguir, podemos ver como a projeção pode mudar bastante conforme o jeito que a calculamos:

Investimentos mensais (PMT)	R$ 500,00
Valor inical investido (PV)	R$ 1.000,00
Taxa de rendimento (i)	12,0%
Número de períodos (n)	200
Taxa de inflação (IPCA)	5,0%
Alíquota de impostos (IR)	15,0%

1 A taxa de juros real líquida representa a rentabilidade bruta descontando-se o imposto de renda e a inflação.

Valor total investido (inicial + aportes)	R$ 101.000,00	
Rendimentos	**Sem imposto de renda**	**Com imposto de renda**
Rendimentos desconsiderando inflação	R$ 305.108,37	R$ 274.492,12
Rendimentos subtraindo inflação	R$ 182.611,89	R$ 170.370,11
Rendimento utilizando a metodologia correta	R$ 182.139,85	R$ 169.968,87

Em um investimento de duzentos meses, com valor inicial de 1 mil reais e aportes mensais de quinhentos reais, podemos perceber que, se desconsiderarmos a inflação, o valor da projeção será muito maior do que o que vamos obter ao fim. Se ainda considerarmos a inflação, mas apenas a subtrairmos do rendimento, também teremos como resultado um valor superior ao efetivamente correto.

A metodologia correta para esse tipo de cálculo está indicada a seguir. Se você for do tipo que nunca gostou de números nem de fazer contas, esta pode ser uma boa hora para mudar de ideia. Se esta já for a sua praia, aproveite para relembrar como se faz:

A. TAXA REAL DE JUROS

Para calcular a taxa real de juros da maneira correta, precisamos utilizar uma fórmula simples:

Juro real = [(1 + taxa nominal) ÷ (1 + taxa de inflação) – 1] × 100

Então, utilizando o exemplo exposto na tabela, o cálculo correto seria o seguinte:

Juro real = [(1 + 0,12) ÷ (1 + 0,05) – 1] × 100

Juro real = (1,066 – 1) × 100

Juro real = 6,66%

Percebemos, então, que o juro real correto fica um pouco menor do que o valor obtido apenas por meio da subtração simples de taxas.

B. TAXA REAL MENSAL DE JUROS

O próximo passo será transformar a taxa real de juros em uma taxa mensal. Para isso, precisamos mudar o formato da taxa anual, obtida no passo anterior, de modo que seja apresentado o dado mensal. A fórmula para essa transformação está representada a seguir:

$$Taxa\ mensal = [((1 + taxa\ anual)^{1/12}) - 1] \times 100$$

Utilizando a taxa real, obtemos o seguinte resultado:

$$\text{Taxa mensal} = [((1+ 0{,}066)^{1/12}) - 1] \times 100$$

$$\text{Taxa mensal} = 0{,}534\%\ \text{a.m.}$$

Com essa taxa definida, basta realizar o cálculo de juros compostos em uma calculadora financeira, seja a tradicional ou a disponível online. Desse resultado, retire a porcentagem relacionada ao imposto de renda, sempre lembrando que ele incide apenas sobre o rendimento da aplicação, não sobre o montante total. Assim, a projeção está calculada da forma correta.

Eis os principais erros cometidos pelas pessoas ao fazer projeções:

1. Considerar que a taxa de rentabilidade hoje será mantida para os próximos dez, vinte ou trinta anos, embora geralmente ela mude, quase sempre para pior;
2. Não considerar o imposto de renda no fim;
3. Descontar a inflação da taxa de rentabilidade com uma subtração simples.

Às vezes pode parecer sedutor projetar seus investimentos para trinta anos sem considerar a inflação e o imposto de renda. Usando esse nosso exemplo, a diferença no fim seria de quase 1 milhão de reais.[1] Mas não se deixe enganar! Quem te vende uma projeção calculada de maneira negligente não estará no mercado daqui a trinta anos. Nunca se esqueça de que o dinheiro é seu, e o maior interessado em ver isso dar certo é você. Ninguém quer chegar lá na frente e descobrir que os planos feitos de forma meticulosa há trinta anos estavam com erros de cálculo!

1 Pressupostos: i = 1%; PMT = R$ 500,00; VP = R$ 0,00; n = 360 meses; IPCA = 0,6%.

GANHE TEMPO DE VIDA

Certo dia, um grande amigo e eu oferecemos uma mentoria para um grupo de cerca de quarenta pessoas. Entre outras coisas, falamos sobre investimentos. Quando terminei, percebi que quem tivesse prestado bastante atenção no que falei não só sairia de lá podendo fazer seu dinheiro render mais, mas também teria mais tempo para viver bem. Entendi que pensar sobre dinheiro é falar sobre tempo e o que se pode fazer com ele, e vou explicar como cheguei a essa conclusão.

No começo, falei sobre poupança, afinal de contas mais da metade da população ainda investe nessa modalidade.[1] Isso significa que seis entre dez pessoas que você conhece ainda mantêm dinheiro guardado dessa forma. Em uma pequena lousa branca, demonstrei para os participantes da roda como a poupança funciona.

Em primeiro lugar, é bom lembrar que existem dois tipos de poupança, a antiga e a nova. Todos os aportes feitos até o dia 03/05/2012 na poupança seguem a regra da poupança antiga, e todos os aportes feitos de 04/05/2012 em diante seguem as regras da poupança nova.

Depósitos a partir de 04/05/2012 com Selic menor ou igual a 8,5% ao ano	70% da Selic + TR
Depósitos a partir de 04/05/2012 com Selic maior que 8,5% ao ano	0,5% ao mês + TR
Depósitos até 03/05/2012 em qualquer patamar de Selic	0,5% ao mês + TR

Elas se diferenciam quando a taxa Selic está menor ou igual a 8,5% ao ano.

Exemplo 1: Se a taxa Selic estiver em 10% ao ano

- Rendimento da poupança antiga: 0,5% ao mês + Taxa Referencial (TR). Ou seja, 6,17% ao ano + TR.
- Rendimento da poupança nova: como a taxa Selic está acima de 8,5%, o rendimento é igual à poupança antiga.

Exemplo 2: Se a taxa Selic estiver em 6,5% ao ano

- Rendimento da poupança antiga: 0,5% ao mês + TR. Ou seja, 6,17% ao ano + TR.

1 (G1, 2017).

- Rendimento da poupança nova: 70% da Selic + TR. Ou seja, 4,55% ao ano + TR.

É importante notar nos exemplos que:

1. O rendimento da poupança antiga é superior ao da poupança nova – e à maioria das aplicações tradicionais de renda fixa –, quando a taxa de juros está muito baixa;
2. A TR[1] costuma ser muito baixa, muitas vezes quase zero.

Retomando então minha breve apresentação para essa turma de mentoria, apontei que naquele momento o rendimento anual da poupança estava na casa dos 4,55%, e a inflação, em 3,65%. Perguntei quanto dinheiro teríamos ao fim do ano se aplicássemos 100 mil reais na poupança, e a resposta uníssona foi: 104.550 reais. Afinal, se aplicarmos o rendimento de 4,55% da poupança no ano sobre os 100 mil reais, teremos esse resultado. Mas será que esse cálculo está correto?

Ele está correto e errado ao mesmo tempo. Matematicamente, sim, o saldo que aparecerá na conta no fim do ano será esse mesmo, mas não terá o mesmo valor dos 104.550 reais projetados hoje.

Se a inflação for de fato 3,65% no ano, significa que a variação média dos preços de produtos e serviços que consumimos será de 3,65%. Ou seja, o que eu compro hoje com 100 mil reais precisará de 103.650 reais para ser comprado em doze meses. Por isso, meu ganho, de fato, será a diferença entre 104.550 reais e 103.650 reais. Assim, terei um ganho real de apenas novecentos reais no período, ou de 0,9% no ano, ou 0,075% ao mês.

Se aplicarmos 1 milhão de reais, teremos um ganho anual de 9 mil reais. A reação de todos foi de choque e descrença, pois, afinal de contas, como daria para se aposentar ou "fazer o dinheiro trabalhar por eles" se o rendimento era tão baixo? Essa é a mesma pergunta que todos deveriam estar se fazendo, já que boa parte dos poupadores brasileiros segue apenas aplicando na poupança todos os meses.

Agora, faça as contas: 9 mil reais por ano representam 750 reais

1 A TR foi criada no período de pico inflacionário no início da década de 1990, e até hoje guia ganhos da caderneta de poupança, o Fundo de Garantia por Tempo de Serviço (FGTS), títulos públicos e alguns financiamentos imobiliários.

por mês. Dá para dizer que, com 1 milhão de reais em conta, você pode se aposentar com tranquilidade ficando apenas na poupança?

Para começar a introduzir para essa turma novas possibilidades de investimentos, apresentei a eles o Tesouro Direto. Falei dele algumas páginas atrás quando tratamos do fundo de emergência, ainda no pilar "Gastar bem", e adiante teremos outros detalhes. Mas é importante entender que o Tesouro Direto apresenta diversas opções de títulos, com características e objetivos diferentes.

O mais tradicional deles é o Tesouro Selic, que é a aplicação mais conservadora do Brasil. Ele tem por característica um rendimento em linha com a taxa básica de juros do país, a Selic.

Só que, ao contrário do que a maioria sabe, não existe apenas uma taxa Selic. Não iremos entrar em muitos detalhes, mas em termos gerais ela se divide em Selic Meta, aquela estipulada pelo Comitê de Política Monetária (Copom), e a Selic Over, sempre um pouco menor, obtida a partir do financiamento no mercado interbancário lastreado em títulos públicos. **O rendimento do Tesouro Direto Selic se baseia na taxa Over.**

No dia da minha apresentação, em junho de 2018, a Selic Meta estava em 6,5% e a Selic Over em 6,4%. Ora, se o Tesouro Selic rende 100% da Selic Over, então a rentabilidade no ano será de 6,4%. Diferentemente da poupança, que tem isenção de imposto de renda para o investidor pessoa física até certo limite, no Tesouro Direto existem descontos do IR, conforme já apresentado no "Pilar 1" deste livro.

Ou seja, se o resgate for realizado depois de um ano, seu IR será de 17,5% sobre o lucro. Isso significa que a rentabilidade de 6,4% bruta será de 5,28% líquida. O ideal é que você resgate as aplicações de renda fixa sempre depois de dois anos, para uma melhor otimização do IR.[1] Por isso, usarei 15% como referência para o cálculo.

O Tesouro Selic, no exemplo, teria um rendimento líquido de 5,44% ao ano. Se retirarmos a inflação de 3,65% no ano, teremos então um rendimento real e líquido de 1,79% no ano – arredondado para 1,8%.

1 Geralmente, quando uma aplicação vence em um ano, tem seu vencimento ajustado para um ano + um dia, o que otimiza o IR. A mesma lógica serve para aplicações de seis e 24 meses, entre outras.

A conclusão é que, se na poupança o rendimento é de 0,9% ao ano (real e líquido), e no Tesouro o rendimento é de 1,8% ao ano (real e líquido), a rentabilidade que conquisto em um ano no Tesouro é muito próxima à encontrada em dois anos de poupança. A cada dez anos aplicando no Tesouro, tenho um rendimento semelhante ao de vinte anos aplicando na poupança. É esse o poder de aplicar melhor. Não é só dinheiro que ganhamos. É tempo!

Quanto antes, melhor

Nunca é tarde para começar a investir melhor, mas, quanto mais tarde isso é feito, mais caro fica se aposentar. É como se você chegasse numa loja e tivesse dinheiro para pagar à vista. Quanto maior a entrada, menores os juros e maior o desconto. Pense na sua aposentadoria como um produto que você financia: quanto maior a entrada, menores ficam as prestações.

No Brasil, há uma peculiaridade que pode ser benéfica a você, dependendo de seu nível de maturidade como investidor. Há algum tempo não era necessário muito conhecimento, mas apenas dinheiro disponível, para investir bem, pois as aplicações tinham barreiras de entrada maiores aos pequenos investidores. Hoje, no entanto, precisamos de informação, pois é possível acessar uma gama imensa de produtos, mesmo com poucos recursos.

Quase nunca paramos para fazer conta, mas vamos entender, com uma analogia simples, o que acontece. Se você viajar com a família e tiver de chegar até uma praia a cem quilômetros de distância, após percorrer os cem quilômetros chegará ao destino. Mas e se errar o caminho? Vamos supor que ande dez quilômetros na direção errada logo no começo da viagem. Você não vai ter de andar apenas dez quilômetros a mais para corrigir a rota, mas sim o dobro. Serão dez quilômetros de erro e mais dez quilômetros para voltar ao ponto zero. Com o dinheiro é a mesma coisa.

Em uma simulação simples, se você investe 880 reais por mês de forma disciplinada, chegará a 1 milhão de reais em trinta anos, caso consiga uma taxa de 0,55% de rendimento ao mês. Mas o que acontece se você passar o primeiro ano (apenas um em trinta anos) sem aplicar os 880 reais mensais? Você vai ter deixado de aplicar 10.586,40 reais, mas chegará ao fim do período com 924 mil reais. Ou seja, por um ano de aplicação, você abriu mão de quase 80 mil reais no futuro. E o que isso significa? Que você deve começar desde já!

Esse é o preço do dinheiro no tempo. Tome cuidado, não postergue sua decisão e comece agora. Se ainda não está convencido, preciso, então, lhe contar mais sobre o CDI.

Como falamos no primeiro capítulo, o CDI é o Certificado de Depósito Interbancário, uma taxa muito importante para estabelecer um parâmetro aos rendimentos das aplicações de renda fixa. Quanto maior o CDI, melhor para as aplicações de renda fixa pós-fixadas.[1] Quanto mais alto ele for, maior a rentabilidade das aplicações conservadoras, aquelas que não exigem muito estudo.

Há algumas décadas, o CDI era absurdamente alto. Não precisávamos pesquisar muito, pois qualquer aplicação de renda fixa fazia o capital dobrar muito rápido. No passado, demorávamos quatro anos para dobrar os rendimentos em renda fixa, mas hoje são necessários quase vinte anos.

Para ilustrar como era mais fácil dobrar o capital investido no passado, comparei o que acontecia com o CDI em duas ocasiões. Em 1997, a taxa anualizada era de 41,17% a.a., o que exigiria 25 meses de aplicação para dobrarmos o capital. Já em 2017, a taxa foi de 6,99% a.a., exigindo que a aplicação ficasse ali por 124 meses para dobrar de valor.

Veja o gráfico a seguir, com dados do Instituto de Pesquisa Aplicada (Ipea):

1 A taxa de juros pós-fixada só é conhecida no final da aplicação, porque elas acompanham o movimento de alta ou baixa dos índices como o IPCA e a Selic.

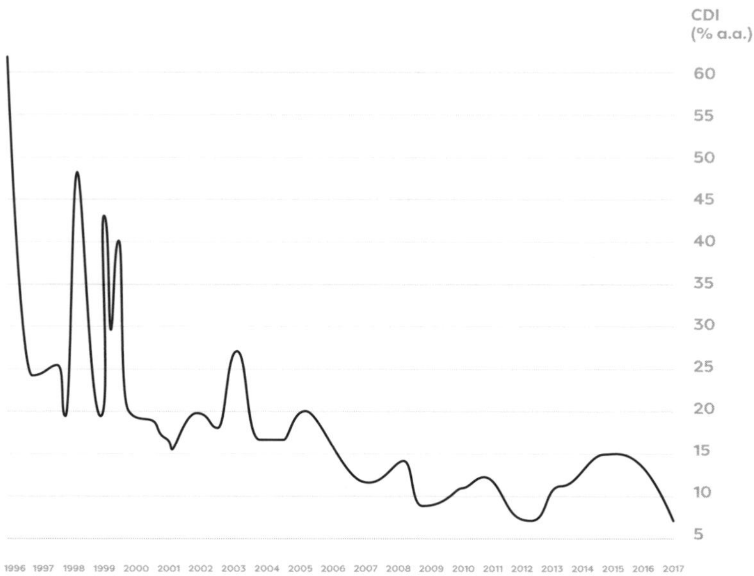

Cada ponto na linha preta representa a taxa mensal do CDI. Perceba que há um padrão aqui. Uma hora é maior, outra menor, mas a taxa está em uma tendência de declínio. Isso significa que a cada mês o CDI está com um rendimento menor. E como isso impacta seu bolso?

Simples: hoje precisamos fazer um esforço maior para manter a rentabilidade de nossa carteira em patamares interessantes. No passado, qualquer CDB ruim de banco poderia nos prover mais de 1% de rentabilidade líquida ao mês. Hoje, isso é raridade no mundo bancário – ainda mais para aqueles clientes com menos de 1 milhão de reais em aplicação, que acabam caindo no atendimento de varejo, sempre com acesso às piores taxas.

CONHEÇA OS TIPOS DE CONTAS

CONTA VAREJO

A conta varejo é aquela básica, oferecida pelos bancos ao grande público, sem separação por renda ou inclusão de atendimento com muita exclusividade. É um estilo de conta que, em teoria, tenta ser mais prática e incentiva operações no ambiente on-line.

Para este perfil, não são disponibilizadas assessoria financeira nem consultoria de investimentos de qualidade. Este público muitas vezes recebe ofertas de produtos de baixa rentabilidade, com taxas elevadas.

Mesmo em sua versão mais simples, ser correntista de algum banco no varejo pode garantir alguns benefícios, como desconto em ingressos para o cinema, teatro e restaurantes. Na grande maioria das vezes, porém, essas amenidades não justificam o valor de manutenção cobrado pelas instituições financeiras. Como as taxas são altíssimas, esses clientes acabam por vezes "sustentando" os subsídios recebidos pelos clientes com maior patrimônio no banco.

CONTAS PREMIUM

Voltadas para o público com renda um pouco mais elevada, a conta premium é para aquele cliente que não utiliza serviços apenas para pagar contas, mas possui capital para começar a investir.

Para esses clientes, o banco já começa a oferecer alguns diferenciais, como agências exclusivas sem filas, café fresco e ligações diretas com um gerente exclusivo. O serviço continua falho na oferta de produtos, com taxas elevadas e um retorno aquém do que a conta exige de patrimônio para o cliente.

Entre os privilégios, está o acesso a taxas de juros um pouco menores, até porque este perfil de cliente possui um patrimônio que dá mais garantias ao banco.

CONTA *PRIVATE*

A conta do estilo *private* é para poucos. São oferecidas, em média, para quem tem pelo menos mais de 5 milhões de reais de patrimônio. O banco, neste caso, se torna muito mais cuidadoso ao lidar com o cliente, com a oferta de investimentos realmente competitivos.

Mesmo assim, é preciso atenção. É comum o cliente acreditar que, sendo *private*, encontrará taxas melhores que as de mercado, mas o problema é que o banco lhe dará poucas opções de aplicações.

Muitas vezes, o que fideliza o cliente *private* são apenas os mimos, como um cartão de crédito com um interessante conversor de pontos de programas de fidelidade e outros presentes, como ingressos para corridas de Fórmula 1, pacotes especiais de viagens e participação em eventos. Ainda assim, nessa categoria de atendimento existe um diferencial competitivo muito forte.

Efeito manada

Quem nunca, ao caminhar na rua, se deparou com alguém olhando para cima, observando algo que parece estar distante, e instintivamente olhou para cima também para saber do que se tratava? Se a rua está movimentada, pode ser que em poucos minutos um pequeno aglomerado de pessoas esteja olhando para cima, mesmo sem fazer a mínima ideia do porquê. Talvez quem iniciou o gesto nem esteja mais ali para explicar o que estava acontecendo.

Se você fez algo sem pensar muito bem no porquê, apenas porque viu que outras pessoas estavam fazendo, agiu sob o conhecido "efeito manada". É difícil, em determinadas situações, não ser influenciado por uma massa, mesmo que na hora isso nem seja percebido.

Quando falamos de mercado financeiro e de Bolsa de Valores, é quase impossível não tratar desse tema. Apesar de a maioria das pessoas ter uma ideia de que quem investe em renda variável toma decisões sempre muito racionais e baseadas em contas e fatos reais, a verdade é que só o efeito manada explica por que investidores, repetidamente, compram ativos quando eles estão em alta e os vendem na baixa, sendo que essa atitude geralmente resulta no pior retorno financeiro possível.

Um exemplo clássico do efeito manada é a atitude tomada por João, um investidor – fictício – tipicamente conservador. Durante toda a vida, João só investiu seu dinheiro em aplicações de títulos do governo, mas, como a taxa de juros começou a cair, seus rendimentos minguaram. Insatisfeito, João decidiu acompanhar os jornais para tentar antever quando a taxa de juros voltaria a subir de novo,[1] pois isso devolveria rentabilidade a seus investimentos.

Nos jornais, porém, só se falava de outra coisa: ações. Ele pensou: "Isso é o que está dando dinheiro agora. É o momento de comprar, o mercado está em alta e todo mundo está ganhando dinheiro com a Bolsa!"

Assim como todos que apareciam felizes nas reportagens, falando de lucros e ganhos, João decidiu que partiria para a Bolsa. Comprou ações de uma empresa cujo nome nem sabia direito, mas havia verifica-

1 Quando a taxa de juros cai, o mercado acionário fica mais aquecido, pois o custo-oportunidade de deixar o dinheiro em aplicações tipicamente conservadoras perde atratividade, fica mais barato captar recursos, e as empresas investem no próprio crescimento. Logo, elas crescem, tem mais gente empregada e consumindo, e as ações costumam subir.

do que, há dois dias, ela tinha mostrado uma valorização de 5% em apenas um dia.

Mas assim que comprou o ativo, seu valor caiu mais do que havia valorizado nos outros dias. Com medo de perder todo o seu dinheiro, pediu um resgate das ações, arcando com um prejuízo de cerca de 9%. Você já ouviu falar de alguém que passou por isso?

Talvez o exemplo mais icônico do efeito manada tenha sido o que aconteceu com MNDL3, as ações da Mundial, empresa no setor de tecidos, vestuário e calçados, conhecida por vender alicates de unhas. No dia 6 de abril de 2011, as ações dela começaram o dia, sem motivo aparente, com um aumento súbito de 12,5%, fechando o pregão com alta de 24,31%. Ou seja, seu valor saltou de 28,26 reais no dia 5 de abril de 2011 para 35,14 reais no dia 6 de abril de 2011.

A alta era impressionante, mas nada perto do que aconteceu depois. Vale lembrar que as ações dessa companhia não tinham muita liquidez antes, mas, ainda assim, no dia 1º de junho de 2011, quase dois meses depois, seus papéis valiam 130,89 reais. Estamos falando aqui de uma alta de 363,16%. Nesse patamar, as pessoas já não se importavam com os fundamentos da empresa, que, aliás, terminou o ano de 2011 com um prejuízo de quase 39 milhões de reais.[1]

Eu já operava no mercado e via muitas pessoas com a convicção plena de que, se comprassem ações de MNDL3, aumentariam em 10% seu patrimônio em apenas um dia. Mas consegui controlar minha gana e não me movimentei. No dia 11 de julho daquele ano, um mês e alguns dias depois, as ações bateram o valor de 958,78 reais. Isso representava uma alta de 3.292,71%.

1 (CVM, s.d.)

GRÁFICO DE VALOR DE AÇÕES DA EMPRESA MUNDIAL

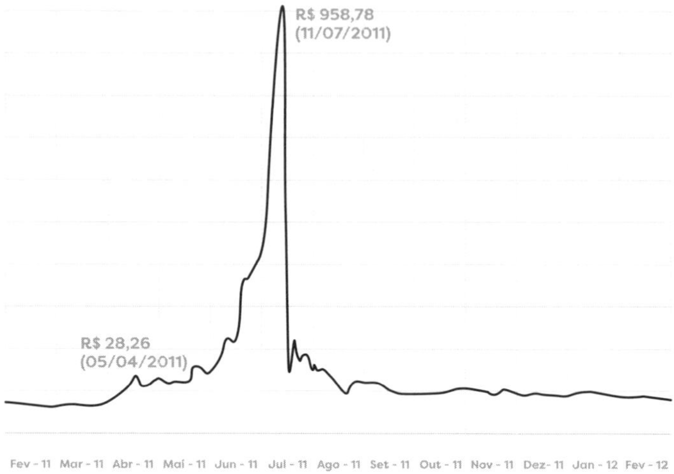

É claro que eu cheguei a considerar que havia perdido uma oportunidade – todo mundo que está nessa situação a certo ponto se pega pensando nisso. Mas eu sabia que investidores mal avisados não enxergam o ciclo do papel e olham para a rentabilidade futura como se ela fosse um espelho do passado.

O investidor, no fim das contas, é quase sempre um arrependido. Quando determinada ação sobe, ele se arrepende por não ter comprado mais desse papel antes. Quando ela cai, lamenta o dinheiro perdido. Quando não faz nada e vê outros ganhando dinheiro, se arrepende de não ter investido naquele determinado ativo.

No caso da Mundial, investidores incautos entraram no circuito e começaram a comprar o papel, mas em curtíssimo tempo tentavam revendê-lo para aqueles mesmos que já tinham realizado um bom lucro com o mesmo ativo. **Esse tipo de investidor é movido primeiro pela ganância, depois é desarmado pelo medo.** Como quem iniciou o ciclo de alta já tinha feito muito dinheiro e os fundamentos da empresa não eram sólidos, em pouco tempo o papel entrou em queda, com todos querendo se livrar dele. Em nove dias, as ações despencaram para 112,79 reais, uma queda de 88,24%.[1]

1 Informações colhidas em 05/07/2018 pela ferramenta *home broker* da Rico.

O caso é emblemático porque, devido à sua baixa liquidez, soube-se que houve manipulação de grandes investidores na compra e venda dessas ações. Quem perdeu mais, é claro, foi o investidor desavisado. E esse ciclo sempre se repete, porém nem sempre com tanta evidência.

O motivo da ganância pela ação da Mundial era simples. Se você pudesse manter estável a taxa de 3.292,71% de reais ao ano, uma aplicação de 10 mil reais renderia:

- Em um ano: 339 mil reais.
- Em cinco anos: 449 bilhões de reais (com "b" mesmo).

É compreensível que isso motivasse algumas pessoas se o rendimento fosse fixo. Mas se tratava de renda variável, e acertar em momentos de tanta variação sem motivo aparente é extremamente improvável. Mesmo com tantos exemplos, a verdade é que esse tipo de situação continua sendo muito comum entre os investidores da Bolsa de Valores, e até mesmo os mais experientes cometem erros desse tipo.

Podemos detalhar visualmente o efeito manada da forma como está neste gráfico elaborado pelo economista – e amigo – Richard Rytenband:

EFEITO MANADA

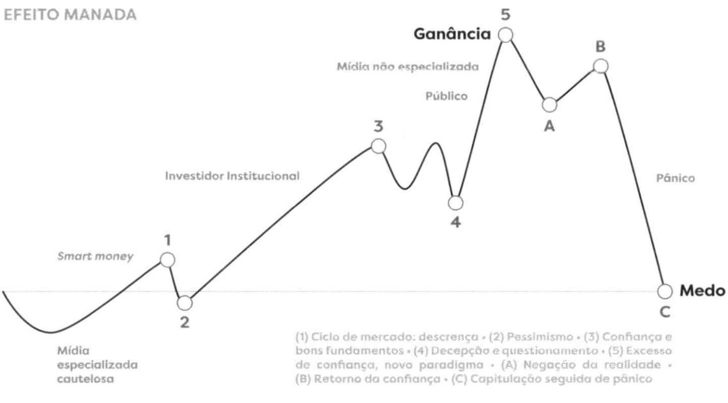

Na imagem, podem ver que no início de movimento de alta do ativo apenas o *smart money*, ou seja, de agentes muito profissionais do mercado, entrou para a compra de ativo, que tinha um valor baixo. Nesse ponto, a mídia especializada cautelosa começa a falar sobre o ativo e o mercado, mas aos poucos investidores institucionais, aqueles que gerenciam grandes recursos e são muito bem instruídos, começam a ser atraídos, levando a um movimento suave de alta de preços. Com a alta progressiva, a mídia especializada mais confiante começa a publicar notícias otimistas sobre aquela empresa e o ativo passa a ser descrito como bom para o longo prazo. Com seu valor já muito elevado, o papel atrai o público geral, que finalmente fica sabendo de sua existência, seja por indicação de amigos ou da mídia não especializada, criando um último pico de subida. Aliás, quando o assunto começa a aparecer em tudo que é portal de notícia e televisão, é bom tomar cuidado – experiência própria.

A partir daí o ativo pode ter atingido o preço máximo, e agentes especializados o elencam como já sendo muito caro, o que significa que seu potencial de alta é muito menor. Quem entrou no investimento tardiamente começa a perceber que ele não sobe mais tão rápido e, com medo, quer se livrar do papel. O problema é que, nesse ponto, poucos vão querer comprá-lo.

Voltando ao investidor João, podemos ver que ele está agindo em um cenário em que até mesmo a mídia não especializada em finanças passou a falar sobre a Bolsa de Valores. Isso é um alerta de que uma forte correção, como na imagem anterior, está para chegar. Para o investidor inteligente, mais do que um alerta de caos, é um alerta de oportunidade.

Isso porque, apesar de o efeito manada fazer com que muitos investidores percam dinheiro, também é uma grande oportunidade para os que estão atentos. É justamente quando a grande massa se afoba, amedrontada, e faz o mercado cair que surgem as grandes oportunidades de compra em Bolsa de Valores.

Acompanhe este gráfico:

Ele mostra o dia conhecido como "Joesley Day" e o que aconteceu nos dias seguintes.[1] Em 17 de maio de 2017, com a notícia de que o então presidente Michel Temer havia sido gravado em conversas ligadas à corrupção com o empresário Joesley Batista, dono da JBS, o mercado ficou em pânico e entrou em ritmo acentuado de queda. Não que esse medo não fosse justificável, muito pelo contrário: o risco político do Brasil, naquele momento, era nítido. Ninguém sabia dos rumos políticos do país depois do *impeachment* da presidente Dilma Rousseff ocorrido meses antes.

Nesse gráfico do Índice Bovespa (IBOV),[2] é possível notar que, após a queda, houve uma recuperação com alta de mais de 30%, posi-

1 (G1, 2017).

2 O Ibovespa é o principal índice do mercado de ações. Foi criado em 1968 e, ao longo desses cinquenta anos, consolidou-se como referência para investidores ao redor do mundo. É o mais importante indicador de desempenho médio dos ativos mais negociados e representativos do mercado de ações de nosso país. Ele contabiliza a variação ponderada dos principais ativos negociados na Bolsa de Valores, utilizando uma metodologia própria. Diferentemente do que a maioria acredita, não são todas as ações que estão contabilizadas nesse índice, mas sim as mais líquidas.

cionando o mercado em um patamar melhor do que estava antes da grande queda. Quem aproveitou a queda causada pela massa amedrontada e fez compras bem pensadas conseguiu uma valorização muito interessante no pós-crise.

COMO TOMAR A MELHOR DECISÃO, EM 99,9% DAS VEZES

Todas as vezes que você se deparar com uma situação em que é necessária uma decisão relacionada a investimentos, precisa entender um conceito muito importante, mas não tão simples, chamado "custo de oportunidade". O Triângulo de Nigro também se baseia nele, e suas três pontas – rentabilidade, liquidez e risco – sempre devem ser analisadas antes de um aporte.

Para refletir sobre o "custo de oportunidade", o primeiro passo é criar um parâmetro de referência, sendo o melhor deles sempre o Tesouro Selic, considerado o investimento mais seguro do país. Por se tratar de um título público,[1] seu risco advém da possibilidade de o governo brasileiro quebrar. Logo, por ser o ativo mais conservador que existe no mercado financeiro, pode ser utilizado como referencial para todas as aplicações que fazemos.

Vamos imaginar que temos a opção de investir entre o Tesouro Selic e o CDB de um banco. Sabemos que o Tesouro Selic é o investimento mais conservador, certo? Então, para valer colocar dinheiro no CDB, que tem um risco um pouco maior, o rendimento final terá que ser um pouco superior.

É aí que entram em cena outras duas características muito importantes para os investimentos: a liquidez – ou seja, a facilidade em que podemos ter o dinheiro do investimento em mãos – e a rentabilidade. São elas que irão compor o que nós chamamos de "prêmio pelo risco". Para que faça sentido adquirir um risco maior nas aplicações, precisamos ser recompensados – com maior rentabilidade ou maior liquidez, de preferência os dois. Como o Tesouro Selic possui uma alta liquidez e segue a taxa Selic, isso o torna um referencial perfeito.

1 Títulos públicos (como Tesouro Selic e Tesouro IPCA) são aqueles emitidos pelo governo. Títulos Privados (como CDBs, Debêntures e LCIs) são aqueles emitidos por instituições privadas.

No entanto, por mais que tenhamos claro o referencial, precisamos entender que devemos investir o dinheiro apenas naquilo que entendemos de fato. Sempre serão oferecidos para o investidor produtos que parecem ser muito vantajosos, ou aquela dica quente e chamativa de um produto com alta rentabilidade. Também pode ser visto em um artigo de jornal algo novo que está sendo disponibilizado no mercado, mas do qual temos poucas referências e experiências compartilhadas.

Não existe dica quente no mercado. O investidor astuto não sai compartilhando por aí as operações que podem ser mais vantajosas para ele.

Se não entendemos bem do que se trata, como vamos poder avaliar o efeito real do investimento no longo prazo? Pode até ser que no curto prazo a aposta em algo novo e desconhecido dê certo, mas um susto no futuro pode fazer com que a perda seja muito maior do que os ganhos acumulados. Avaliar o que se faz começa com passos muito simples, como primeiro questionar se aquele produto rende mais que o CDI e quais são os índices que podem influenciá-lo negativamente.

E, da mesma forma que retornar para o caminho certo naquela viagem em família leva tempo e consome gasolina, errar no investimento ou aportar recursos em algo falho faz com que você perca anos investidos e recursos conquistados com muito suor. Às vezes, vale mais a pena apostar no velho mapa impresso em papel do que naquele GPS que perde o sinal no meio da estrada ou possui funções que você nem sabe operar muito bem. Pode render menos ou até perder algum atalho interessante, mas é mais seguro.

A MELHOR CARTEIRA

Já falamos sobre projeções, sobre como aproveitar oportunidades e decisões. Mas como estruturar uma carteira de investimentos da forma correta? Muitos dirão que basta olhar para o rendimento dela – mas, como você deve imaginar, isso não basta.

Apesar de parecer o mais importante, uma boa carteira de investimentos não é aquela que promete maior rendimento, mas sim a que atende melhor tanto as suas necessidades de curto prazo quanto as de longo prazo. Isso se faz necessário porque de nada adianta investir no longo prazo e buscar rentabilidade futura se os investimentos de curto prazo não estiverem garantidos.

Antes de entrar em detalhes, é preciso ressaltar que muitas pessoas, ao começarem a investir, ainda possuem dívidas. Elas sempre fazem esta pergunta:

— Vale mais a pena quitar as dívidas antes de começar a investir ou é melhor partir direto para os investimentos?

Se olharmos apenas o lado financeiro, faz sentido investir, desde que os juros das aplicações sejam maiores do que as dívidas. Mas temos que considerar também a ideia de antifragilidade nesse momento. Por mais que possamos encontrar aplicações que rendam mais do que nossas dívidas – lembrando que conseguir isso é bem difícil –, a realidade é que as dívidas não só nos tornam mais fracos, mas também nos deixam à mercê do risco da ruína.

Por mais que a rentabilidade possa ser atrativa, o fato de haver a possibilidade de que o investimento dê errado pode potencializar ainda mais os danos de uma dívida que não é paga no momento certo... Além do risco de falhar na escolha do investimento, outros acontecimentos adversos podem ocorrer, como uma doença na família ou perda do emprego. Um bem pode ser roubado ou uma conta extra aparecer. Por isso, só há um tipo de investimento que foge a essa regra, e ele é justamente aquele que ajuda a estruturar os investimentos de curto prazo: o fundo de emergência. Assim, por mais que matematicamente faça sentido, devemos evitar ao máximo investir enquanto temos dívidas.

Para entender melhor, imagine um cassino. Estatisticamente, não faz diferença se cem pessoas jogam no cassino no mesmo dia ou se uma pessoa joga durante cem dias seguidos. Só que, quando uma única pessoa joga, ela está exposta ao risco da ruína: se em um dia ela quebrar, não vai voltar nunca mais. Esse é o risco da ruína. Por isso, para o cassino é melhor virem cem pessoas diferentes do que uma só.

Já falamos sobre o fundo de emergência antes, mas vale a pena repetir, para que não seja deixado de lado em nenhum momento. É com ele que garantimos cobertura em caso de imprevistos, sem prejudicar nossa estratégia de investimentos.

Além do fator preventivo, o fundo de emergência pode ter outra função interessante, a de fundo de oportunidades. Isso porque há casos em que chances únicas surgem, mas acabam exigindo que tenhamos dinheiro disponível. Pode ser um imóvel bem abaixo do valor de mercado, uma mudança de fundamentos de uma ação que a torne barata para compra imediata, entre tantas outras possibilidades. Por isso, mais do que simplesmente apartar emergências, é importante considerar que o fundo de emergência, com sua liquidez, pode servir como uma reserva inteligente para se ter dinheiro disponível sempre que uma oportunidade aparecer.

Recentemente, por exemplo, tive a oportunidade de comprar uma casa na praia por 250 mil reais, sendo que o imóvel estava avaliado no mercado por 1,2 milhão de reais. Isso só aconteceu por problemas familiares dos antigos proprietários, mas, se eu tivesse um grande montante aplicado apenas em algo que não fosse resgatável, poderia estar abrindo mão dessa oportunidade que passava bem na minha frente.

Assim como a maior parte dos imprevistos não são, de fato, imprevisíveis, as oportunidades também aparecem aos montes – principalmente para quem tem dinheiro. Com o fundo de emergência preparado, temos o que é necessário para o curto prazo. Mas ao partir para o próximo passo de divisão de nossa carteira, temos que ter em mente mais dois lotes imaginários: o de investimentos que servirão para cobrir necessidades e os que serão focados no longo prazo.

Os investimentos para necessidades são importantes porque, em muitos casos, temos objetivos de gastos definidos. Pode ser um casamento no próximo ano, uma viagem de fim de ano, o pagamento das chaves do imóvel, entre tantos outros compromissos que já estão assumidos.

Para esses gastos, continua valendo a regra de procurar ativos de alta liquidez e segurança, como no fundo de emergência, pois você tem uma ideia de quando vai resgatá-los. De toda forma, pode começar a procurar títulos que garantam um pouco mais de rentabilidade. Entram nessa categoria os CDBs e as Letras de Créditos.

Já vimos como funcionam os CDBs, e agora é hora de entender um pouco melhor o que são as tais Letras de Crédito.

EXERCÍCIO:

Etapa 1: Fundo de emergência (ou de oportunidade!)
Meta (R$): ______________________
Aplicação(ões): ____________________

(NOTA: A meta é o seu primeiro objetivo financeiro. Para quem tem uma renda constante, como um trabalhador CLT ou um funcionário público, a meta pode ser seis vezes seu custo mensal familiar. Para um empreendedor ou autônomo, a meta pode ser doze vezes seu custo mensal familiar. Esse é o objetivo número 1 antes de sair buscando aplicações de longo prazo. Nas Aplicações, quero que você escreva onde pretende colocar seu dinheiro para chegar nesse primeiro objetivo. Lembre-se: não adianta olharmos para a etapa 2 – falaremos adiante – antes de atingirmos esse primeiro objetivo. Degrau a degrau!)

Etapa 2: Aposentadoria
Meta (R$): ______________________
Aplicações: ______________________

(NOTA: Para você calcular o quanto precisa ter para se aposentar, o racional é ter dinheiro suficiente para que apenas os rendimentos paguem o que você precisa receber por mês, como se seu dinheiro pagasse um "salário" para você. Para você descobrir quanto dinheiro precisa ter, basta você seguir esse passo a passo: 1) Quanto você quer receber por mês no futuro? 2) Multiplique esse valor por trezentos se você acredita que seu dinheiro vai render 4% ao ano no futuro. Multiplique esse valor por quatrocentos se você acredita que seu dinheiro vai render 3% ao ano no futuro. Multiplique esse valor por quinhentos se você acredita que seu dinheiro vai render 2,4% no futuro. Não se preocupe, esse "macete" serve para você simplificar a matemática. Se você acredita que seu dinheiro vai render 4% ao ano e acredita que precisa ganhar 5 mil reais ao mês para se aposentar, então você vai preencher "1,5 milhão de reais". Sobre a matemática, se quiser simular com qualquer taxa – usando a calculadora – basta dividir o quanto você quer receber por ano – não por mês – pela taxa de rentabilidade anual que espera ter.)

Letras de Crédito do Agronegócio (LCA)/ Letras de Crédito Imobiliárias (LCI)

As LCA e as LCI são títulos emitidos por instituições financeiras públicas e privadas. Uma é vinculada a direitos creditórios originários de negócios na área imobiliária (LCI), e a outra, a negócios da área rural (LCA).

A LCI é um dos instrumentos de renda fixa mais procurados pelo investidor pessoa física nos últimos anos, porque, ao contrário do CDB, conta com isenção de IR para esse público. Ela pode ser remunerada por taxa pós ou prefixada e ainda possui garantia do FGC.[1]

As rentabilidades das Letras podem parecer nominalmente um pouco menores do que as dos demais investimentos, mas a isenção de IR, principalmente no curto prazo, tende a deixar esses títulos bem interessantes. Quando consideramos um horizonte de prazo maior, não é tão difícil encontrar CDBs que, mesmo pagando IR, acabam rendendo mais que as LCI/LCA, pois a partir de dois anos de investimento a alíquota do IR passa a ser de 15%.

Para ficar clara essa vantagem das LCI/LCA no curto prazo, vamos imaginar dois investimentos: uma LCI que renda 88% do CDI em um ano e seis meses e um CDB que renda 105% do CDI no mesmo prazo.

O CDI considerado foi de 7% ao ano, enquanto a alíquota de IR para esse prazo fica na casa dos 17,5%, lembrando que quanto mais tempo o investimento é mantido, menos imposto ele paga. Qual dos dois investimentos renderia mais? Algo mudaria se o investimento tivesse, na realidade, vencimento em dois anos, com IR de 15%?

Não precisamos nem entrar em valores. Em uma análise rápida, apenas com as taxas, encontramos:

CDI: 7% a.a.

CDB: 105% de 7% = 7,35% a.a.

7,35% – 17,5% (IR para um ano e seis meses) = 6,06% a.a.

7,35% – 15% (IR para dois anos) = 6,25% a.a.

LCI: 88% de 7% = 6,16% a.a.

Ou seja: entre um CDB de 105% do CDI e uma LCI de 88% do CDI, o prazo de um ano e meio favorece a rentabilidade da LCI, enquanto para dois anos o CDB será um melhor negócio. Por isso, quem escolhe uma LCI deve ter em mente que elas são muito atrativas no curto prazo, nem sempre no longo.

1 (Cetip, 2018).

ENCONTRE OS MELHORES INVESTIMENTOS

Com o aumento da procura por investimentos melhores que a poupança, a oferta de serviços financeiros cresceu exponencialmente. Abaixo estão listados cinco métodos de pesquisa bem práticos para quem está começando:

Bancos: As instituições bancárias brasileiras por muitos anos reinaram como opção única e absoluta. Isso acabou criando organizações que não precisavam considerar o cliente, pois todo o ecossistema havia sido arquitetado para tirar o maior dinheiro possível do pequeno poupador (que se endividava). Isso gerou um foco extremo no próprio negócio e nas metas extremamente agressivas impostas aos gerentes, que eram treinados para vender a maior quantidade de produtos desnecessários possível.

Para os que já têm alguns milhões em conta, porém, existe uma categoria de atendimento conhecida como *private*, na qual o cliente consegue ter acesso a opções, algumas bem interessantes, que não são oferecidas para o cliente comum.

Ao lidar com bancos, sempre tenha em vista que o principal negócio dele é lucrar com empréstimos, não com investimento. Você não entra numa loja de roupas para comer um hambúrguer, correto?

Corretora: A corretora é uma das melhores opções para os investidores que não fazem parte do *private*, oferecendo maior poder de escolha aos clientes. Mesmo existindo uma curadoria que lhe indicará boas aplicações, isso não garante que você não terá algumas aplicações ruins em sua carteira.

Entre as vantagens de se usar uma corretora é que com ela você consegue comparar muitas aplicações sem precisar abrir conta em diversos lugares. Por exemplo, numa corretora você poderá encontrar CDBs oferecidos por bancos como Itaú, Bradesco e Caixa Econômica Federal, sem precisar ter conta aberta em cada uma dessas instituições.

Algumas corretoras oferecem taxa zero para alguns produtos, mas é preciso entender que as corretoras também ganham dinheiro com o *spread*[1] na venda de alguns produtos financeiros e com a taxa de corretagem pelo giro das aplicações. Os interesses são mais alinhados aos seus do que nos bancos, mas ainda assim não são exclusivamente os seus.

Banco digital: São instituições financeiras sem agências, que funcionam de maneira 100% digital. Para o pequeno investidor/poupador, é uma opção com baixos custos e que apresenta títulos com rendimentos superiores aos dos bancos convencionais. Porém, pelo pouco tempo há que estão no mercado, a oferta ainda é bem limitada e nem todos os bancos digitais oferecem pacotes de serviços que atendem a todas as demandas de seus clientes.

Gestora: Na maioria dos casos, não faz sentido investir diretamente pelas gestoras – empresas do setor financeiro que criam um fundo e decidem para onde vão seus recursos –, pois com as corretoras você tem acesso direto a vários fundos de uma só vez e pode compará-los de maneira muito mais fácil. Um ponto positivo das gestoras, no entanto, é que elas não cobram comissão e costumam prestar um bom atendimento ao cliente.

Robôs: Investir por meio de robôs tem ganhando bastante popularidade. Um sistema avalia seu perfil de risco e faz os investimentos por você. É bom para leigos e não custa tão caro para o nível de serviço que prestam. Mas, para quem entende um pouco mais do assunto ou quem gosta de autonomia, o robô acaba limitando o poder de decisão e tendo um custo superior ao encontrado em outros tipos de instituições.

OLHE OS SINAIS, FUJA DOS RUÍDOS

Todos os dias nós nos deparamos com uma série de informações que interferem na forma como tomamos decisões. Algumas dessas infor-

1 As corretoras acessam produtos financeiros e os repassam a seus clientes, muitas vezes ficando com um porcentual da rentabilidade oferecida originalmente. Por exemplo, um banco oferece um CDB de 17%, mas a corretora o vende para clientes com rendimento de 15%. Os 2% de diferença ela embolsa como *spread*.

mações são úteis, mas uma grande parte delas não é e pode, inclusive, atrapalhar a tomar a decisão correta. Por isso, uma das coisas mais importantes para o investidor ter sucesso é a capacidade de separar o que é "ruído" do que é "sinal". Em outras palavras, determinar quais são as informações úteis e as que apenas servem para confundir.

Isso nem sempre é fácil. Apesar de a teoria parecer tranquila, o ser humano, em grupo, possui a tendência de fazer as coisas da mesma forma que os demais. Por causa disso, muitos investidores, em vez de olhar para os fundamentos de uma empresa, observar as suas projeções e a saúde financeira do negócio, acabam sendo influenciados por dicas informais que receberam de conhecidos ou por notícias que leram na mídia de maneira descontextualizada. Quando você age dessa forma, está apenas prestando atenção aos ruídos.

Um bom exemplo é o ano de 2002 no Brasil. Naquele momento, a possível eleição de Luiz Inácio Lula da Silva era vista com grande pessimismo pelo mercado. De janeiro a outubro, período das eleições, a Bolsa chegou a despencar mais de 30%, enquanto a cotação do dólar disparava em mais de 50%, até a véspera do primeiro turno.

No fim, o que aconteceu? De 2002 a 2008, vimos a Bolsa subir cerca de 400%.

Os sinais positivos sempre estiveram presentes: as ações em 2002, devido ao pessimismo do mercado, estavam com um *valuation*[1] muito baixo e com baixo preço em dólar, já que o câmbio havia depreciado demais. Além disso, tivemos um governo Lula que, em matéria econômica, mostrava-se prudente; havia indicadores mostrando melhora na economia ainda no final de 2002, e o mundo passava pelo famoso *boom* das *commodities* – este sim, um grande impulso para a nossa economia.[2]

Mas como seria possível identificar esses sinais quando se vive um momento de maior turbulência econômica? Uma das formas mais úteis é olhar para os grandes ciclos do mercado.

O método parte de uma abordagem em que se avalia primeiro o

1 *Valuation* é o termo usado no mercado para avaliação de empresas. Ele determina qual o preço justo a ser pago por um ativo, baseado na projeção futura do valor de sua ação.

2 Ciclo de alta exponencial no preço de *commodities*, inclusive agrícolas, que impulsionaram empresas desse setor também no Brasil.

quadro de valoração, ou seja, se o mercado está caro ou barato pelos fundamentos das empresas. Em seguida, olha-se para o cenário macroeconômico, passando por indicadores que mensuram o pulso da atividade econômica e os de sentimento empresarial, que indicam se o humor para investimentos está se deteriorando ou ficando mais positivo ao longo do tempo.

O objetivo tem de ser o de identificar situações de baixo e alto risco para o sistema financeiro, ter visão de longo prazo e reduzir os vícios de leitura de informações de mercado, que podem estar enviesados naquele momento de maior volatilidade.

DIMENSÃO DA VALORAÇÃO

Sem ter uma noção da valoração do mercado de ações, ou seja, sem saber se determinado ativo está caro ou barato, o investidor não saberá de forma mais exata sobre o risco que está assumindo no longo prazo.

Para entender como isso pode funcionar na prática, um dos cálculos mais utilizados é o do Preço sobre Lucro, o famoso P/L. Na prática, quanto menor ele for, mais barato está o ativo.

Imagine que você comprou uma empresa por 1 milhão de reais, e ela distribui anualmente um lucro de 100 mil reais. Se fôssemos utilizar o indicador P/L, teríamos um Preço (1 milhão de reais) sobre Lucro (100 mil reais) de dez, o que significa que dez anos serão necessários para obter o capital de volta por meio dos lucros distribuídos. Se essa mesma companhia distribuísse 200 mil reais de lucro, teríamos um P/L de cinco, ou seja, ela estaria mais barata para a compra.

É claro que olhar para esse indicador de forma isolada pode ser prejudicial, mas ele é importante como um complemento de análise. O indicador aponta, mas não determina.

Diferentemente de mercados maduros, como o norte-americano, encontrar um histórico completo de P/L dos ativos negociados pela Bolsa brasileira é bem difícil. Muitas empresas quebraram, compraram ativos ou foram compradas, e existem P/Ls distorcidos por resultados estratosféricos ou muito baixos daquelas empresas, o que prejudica a média.

Na internet, pesquisando por uma ferramenta que auxiliasse o uso do P/L nas avaliações, me deparei com o blog *HC Investimentos*, que havia realizado um estudo com o cálculo histórico até 2011. Conversei com o Ricardo Kerbej, um dos autores do estudo, e juntos alimentamos uma planilha até os dias de hoje.

IBOVESPA E P/L HISTÓRICO
(dados mensais até abril/2018)

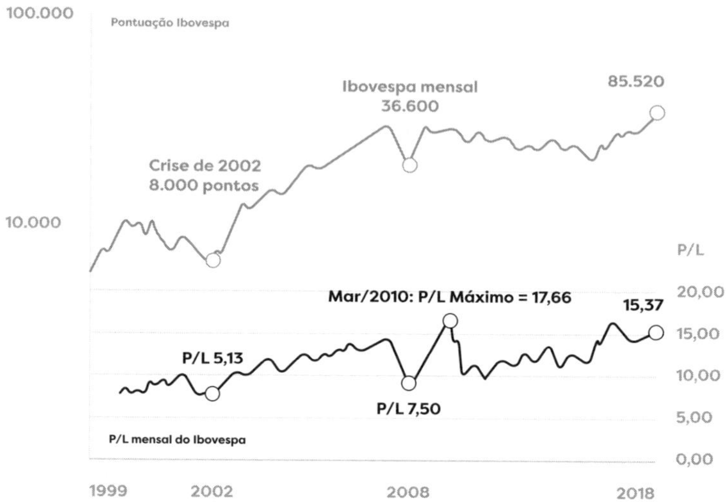

Agora, veja abaixo o P/L do S&P 500[1] e repare que, no último ponto, ele está em 24,12.[2] No mesmo período, o P/L do Ibovespa foi de 15,37.

1 O Standard & Poor's 500, abreviado como S&P 500 ou apenas S&P, é um índice do mercado de ações norte-americano baseado nas quinhentas maiores empresas com ações listadas na NYSE ou Nasdaq. Neste quadro, o pico notado na década de 2000 foi causado pela crise do mercado norte-americano, em 2008, que distorceu o P/L do indicador.

2 (Multpl, 2018).

P/L DO S&P 500

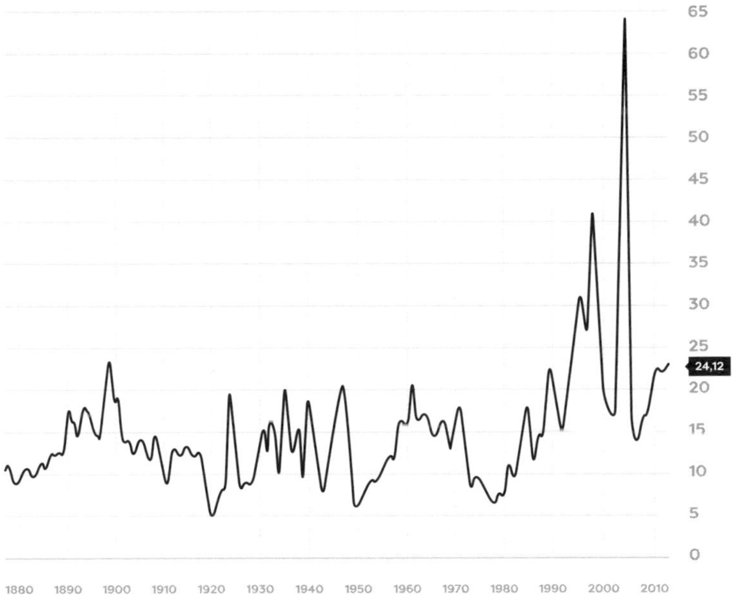

De forma geral, o P/L das ações no Brasil é mais baixo. Isso pode ser um benefício muito importante para o futuro, mesmo que o investidor saiba que existem alguns motivos tangíveis para isso, como o risco-Brasil.[1]

Recentemente, tomei a decisão de trocar minhas posições de ITUB3 (ações de Itaú ordinárias) por ações de ITSA4 (ações de Itaúsa Preferenciais), pois elas estavam com um P/L[2] mais caro, como você pode ver a seguir:

1 O risco-país visa a indicar o nível de instabilidade econômica de uma nação. A referência de mercado é o índice EMBI+ (Emerging Markets Bond Index Plus), calculado pelo banco de investimentos J. P. Morgan.

2 (Fundamentus, 2018).

	ITUB3	ITUB4	ITSA4	ITSA3
Preço da ação	36,81	42,08	9,72	10,55
Lucro por ação[1]	3,19	3,19	1,06	1,06
P/L	11,54	13,19	9,17	9,95

Apesar de ligadas, as duas empresas são distintas. A Itaúsa é uma holding que controla participação em várias empresas. Como toda holding, enfrenta desafios que geram desconto maior em seu valor, quando comparada a uma ação de uma empresa pura. Entre esses desafios, estão menor liquidez no mercado e gastos com a própria estrutura. O acionista Itaúsa ainda acaba comprando uma cesta de ações que às vezes nem gostaria de ter em seu portfólio.

Porém, como você pode ver a seguir,[2] de acordo com a própria Itaúsa existe um desconto de 23,33% no preço de suas ações em relação à posição que elas efetivamente possuem.

1 Últimos doze meses

2 (Itaúsa, 2018).

EM 29 DE JUNHO DE 2018

Empresas de capital aberto	Total de ações (mil) (A)	Cotação média da ação mais líquida (R$) (B)	Valor de mercado das empresas (R$ milhões) (A) x (B)	Participação da Itaúsa nas empresas (%) (C)	Valor de mercado das participações (R$ milhões) (A x B) x (C)
Itaú Unibanco Holding S.A.	6.487.678	40,25	261.129	37,51%	97.942
Duratex S.A.	689.306	8,64	5.956	36,68%	2.184
Alpargatas S.A.	463.053	12,10	5.603	27,55%	1.544
Itautec S.A.	11.072	15,80	167	98,93%	165
Nova Transportadora do Sudeste S.A. - NTS (D)					1.393
Demais ativos e passivos líquidos (E)					-2.374
Valor de mercado da soma das partes da Itaúsa em 29/06/2018 (F)					**100.854**
Valor de mercado da Itaúsa em 29/06/2018 (G)	R$ 4.831,56	9,19	9,19		77.326
Desconto (%) (H) = (G)/(F)-1					-23.33%

Apesar de ser um indicador muito importante, o P/L não diz tudo. Por exemplo, se a ação da empresa A apresenta um P/L de doze, enquanto a ação da empresa B apresenta um P/L de vinte, a primeira impressão é que a ação da empresa A está mais barata do que a da empresa B, e por isso vale mais a pena investir na empresa A.

Sem aprofundamento, essa informação pode nos induzir ao erro. Vamos supor que, apesar de a empresa B ter um P/L maior, ela dobra de tamanho todo ano, enquanto a empresa A apenas mantém seus lucros constantes. Essas novas informações fazem toda a diferença. Isso porque, se o preço das ações permanecer constante, e a empresa B dobrar seu lucro, o P/L irá para dez, fazendo com que ela se torne uma alternativa mais barata do que a empresa A, sendo necessário apenas tempo para revelar isso.

Onde você encontra o P/L de empresas?

- Economática (serviço pago)
- Fundamentus (serviço gratuito)

DIMENSÃO DE INDICADORES MACROECONÔMICOS

Esta dimensão serve para averiguar o pulso do mercado no médio e longo prazo. As sinalizações dos indicadores macroeconômicos se modificam lentamente e, por essa razão, podem se distanciar dos ruídos do dia a dia.

Aqui, é importante entender que existem indicadores diferentes. Um deles é o que chamamos de "antecedentes", que antecipam o andar da economia. Outro indicador são os chamados "atrasados", que mostram algo que já aconteceu.

O Produto Interno Bruto (PIB) é um exemplo de indicador atrasado, pois seu valor reflete toda a movimentação ocorrida na economia. Por isso, dê preferência aos indicadores antecedentes, que antecipam o que vai acontecer. Um interessante, por exemplo, é o indicador referente ao consumo de papelão ondulado. Apesar de indicar algo que ocorreu no passado – a compra de papel para embalagem no último mês –, se o índice de alta for recorrentemente positivo, pode indicar que a atividade industrial também está positiva e que a economia do país tem possibilidade de melhora.

Saber interpretar cada um desses indicadores é importante para que eles não acabem atrapalhando sua decisão. Um fato isolado em um setor, por exemplo, pode ter um impacto negativo em um índice que não é necessariamente relacionado à economia geral do Brasil. Isso ajuda, mas para o investidor comum pode ter pouco impacto.

DIMENSÃO DO SENTIMENTO

Esta dimensão revela o ânimo dos investidores em relação às perspectivas do mercado. Ela exerce enorme influência sobre os preços, mas não pode ser mensurada de forma exata pelo estudo de finanças modernas. Sua aplicação se dá, em especial, no médio e longo prazo.

Em certas circunstâncias, a movimentação de preços e os indicadores de sentimento sobrepujam as sinalizações apresentadas pelos indicadores macroeconômicos, preenchendo suas lacunas. Em outras palavras, quando há um sentimento positivo ou negativo em relação ao mercado, esse mesmo sentimento tem o poder de induzir o aumento ou a queda dos preços.

Nessa dimensão, na maioria das vezes a massa consegue manter um índice de acerto relativo por certo tempo, já que vai atrás do sentimento de alta ou baixa daquele papel para o momento. O maior erro desses investidores, no entanto, é perder muito dinheiro quando há uma reversão de tendência, pois é muito difícil acertar o momento de mudança.

Para exemplificar o que seria a ação do sentimento, vamos a algumas imagens.

No primeiro quadro, vemos em destaque a alta máxima de 1971. No dia 26 de maio daquele ano, a revista *Veja* publicou uma capa em tom positivo sobre a "BolS/A" com a manchete "A multiplicação do dinheiro".

IBOVESPA REAL DESDE 1968

Ibovespa deflacionado pelo IGP-DI

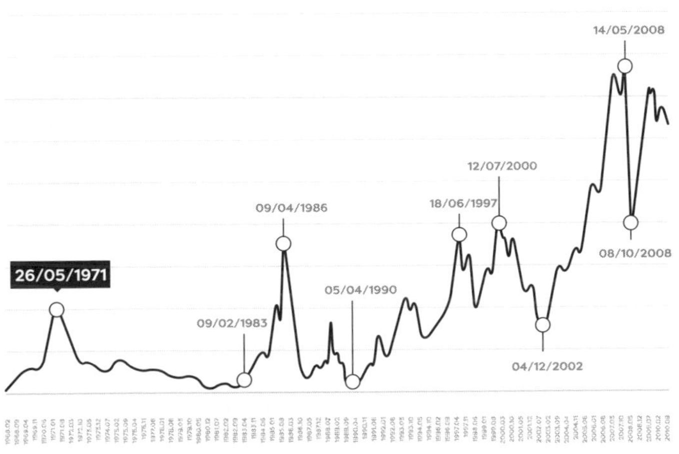

Em outro exemplo, observe o gráfico de 1983. A *Veja* de 9 de fevereiro do mesmo ano trouxe uma capa alarmante: com cores fortes e tons sombrios, ela anunciava o Brasil em crise, a inflação, a recessão, o desemprego, as dívidas.

IBOVESPA REAL DESDE 1968

Ibovespa deflacionado pelo IGP-DI

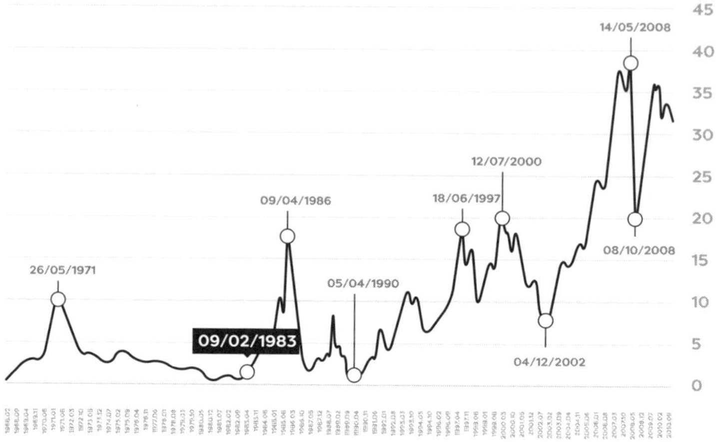

E em 2008, no auge da Bolsa pré-crise, a mídia, mais uma vez, estava muito otimista. A revista *IstoÉ* publicou uma edição que prometia ensinar ao leitor "como ganhar na Bolsa" com a experiência de quem já havia lucrado até 1,5 bilhão.

IBOVESPA REAL DESDE 1968

Ibovespa deflacionado pelo IGP-DI

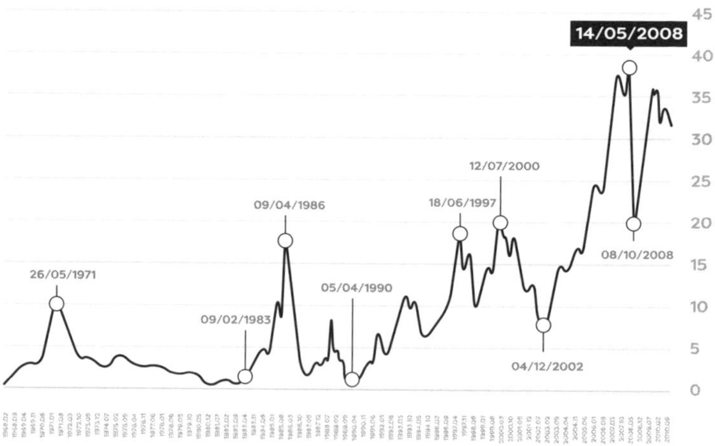

A ação do sentimento é notada quando alguma aplicação começa a render muito. Quando o bitcoin esteve com a cotação nas alturas é que todos começaram a ouvir sobre o assunto, ou quando a Bolsa subiu tudo o que tinha de subir, é que as pessoas começaram a se sentir tentadas a comprar. Somos influenciados por noticiários, capas de revista, conversas de escritório, opinião de família e amigos. Com o tempo, o *feeling* fica mais apurado. Se todos estiverem falando que algo é uma oportunidade, pense que é impossível isso fazer sentido, pois a grande massa está sabendo do assunto. E, se deixou de ser oportunidade, virou um erro para o investidor atento.

DIMENSÃO DA AÇÃO DOS PREÇOS

Esta dimensão serve para avaliar a saúde de uma tendência no curto prazo, do seu *timing*. Um de seus princípios é buscar indicadores que identifiquem logo no início o nascimento de uma tendência de alta. Aqui nós utilizamos conceitos básicos de preço, volume e volatilidade para entender como está a "zona de guerra" com os investidores de maior porte.

No jargão do mercado, trata-se da análise técnica. Ela tenta, por meio do estudo de diferentes dados relativos ao mercado, tendências e variações, descobrir oportunidades de ganho por meio dos padrões que aparecem nas oscilações do preço das ações. Isso é possível porque, idealmente, a formulação do preço de uma ação não é dada somente pela situação macroeconômica do país ou por notícias sobre determinada empresa, mas sim pela maneira como compradores e vendedores reagem a esses fatos na tomada de decisões dentro da Bolsa de Valores.

Essas reações acabam formulando alguns padrões nos gráficos de análises de ações, e com eles tentamos entender se uma ação está em tendência de alta ou baixa. Não vou me aprofundar na análise gráfica, mas aqui estão alguns indicadores nos quais investidores podem se basear para o curto prazo.

Suporte e Resistência: representam os patamares mais baixos e altos, respectivamente, que constituem pontos onde as ações tendem a cair ou subir. Quando uma ação bate muitas vezes no mesmo preço alto, configura-se o que chamamos de resistência. Quando o preço bate diversas vezes no preço baixo, chamamos de suporte. A importância disso é que, sob a ótica da análise técnica, o ativo tende a voltar sempre que atinge um desses pontos, mas quando o rompe, pode quebrar a tendência e seguir indefinidamente.

Índice de Força Relativa (IFR): considera as forças compradoras e vendedoras para ilustrar o fôlego de uma ação. É medido de zero a cem e sua análise pode ajudar a indicar oportunidades de curto prazo. Quanto mais baixo, melhor a oportunidade de compra. Como podemos ver no gráfico a seguir, do Itaú, os grandes fundos do ativo geralmente são caracterizados por um IFR baixo, e vice-versa.

ÍNDICE DE FORÇA RELATIVA (IFR)

Volume Financeiro: indica a quantidade de dinheiro negociada em um determinado período. Quanto maior o volume, maior a consistência da movimentação apresentada.

VOLUME FINANCEIRO

Por exemplo, faz sentido olhar para o volume de compra e venda do mercado para entender como ele está agindo. Quando as dimensões se juntam e temos, por exemplo, um volume alto de negociações começando a acontecer, indicadores antecedentes apontando recuperação econômica e um mercado barato por meio do P/L, é possível que o mercado esteja entrando em um momento de alta. E aí chega a hora de agir.

TESOURO DIRETO, O PRIMEIRO INVESTIMENTO

A plataforma do Tesouro Direto é o destino de muitos pequenos investidores. Como já foi dito, é o tipo de investimento mais seguro do país, fácil de ser compreendido e acessado. Neste capítulo, iremos um pouco mais a fundo e entenderemos como essa modalidade funciona, como investir nela e o que podemos esperar de seu rendimento.

Comecemos, então, pela identificação dos três principais títulos do Tesouro Direto, que são disponibilizados para o investidor: o Tesouro Selic, o Tesouro IPCA e o Tesouro Prefixado.

O Tesouro Selic é o título público que tem seu rendimento atrelado à taxa Selic Over, possui pouca oscilação ao longo do tempo e seu rendimento segue uma linha praticamente crescente.

Vamos supor que Vanessa, uma investidora, ao ouvir falar muito bem sobre o Tesouro Direto, decidiu investir na plataforma. Ela reservou o total de quinhentos reais para o seu primeiro investimento. Na plataforma, decidiu escolher o Tesouro Selic 2023.

Supondo que a taxa Selic permaneça constante na casa dos 6,5% ao ano e que Vanessa destine mensalmente cem reais para o seu investimento, de 31/07/2018 até o dia 01/03/2023, temos o seguinte cenário:

Valor bruto de resgate até 01/03/2023: 6.474,35 reais

Custos operacionais + imposto de renda: 176,37 reais

Valor líquido de resgate até 01/03/2023: 6.294,55 reais

Esse número, por si só, talvez não diga muita coisa. Por isso, vamos imaginar a mesma situação, com a mesma investidora e os mesmos aportes, mas num investimento diferente, a poupança.

Com a taxa Selic em 6,5% ao ano, segundo a regra nova da poupança, temos que a rentabilidade da poupança seria 70% da Taxa Selic + TR. Porém, desde setembro de 2017, a TR esteve em 0%, como mostra a tabela seguinte:

TAXA TR

	Jan	Fev	Mar	Abr	Mai	Jun	Jul	Ago	Set	Out	Nov	Dez	
2017	0,1700	0,0302	0,1519	0,0000	0,0764	0,0538	0,0623	0,0509	0,0000	0,0000	0,0000	0,0000	**0,5975**
2018	0,0000	0,0000	0,0000	0,0000	0,0000	0,0000	0,0000	0,0000	0,0000	-	-	-	-

FONTE: Portal Brasil.

Por conta disso, para a simulação, irei considerar como rentabilidade da poupança apenas os 70% da Selic, já que assim vem sendo durante todo o período em que o Brasil teve a taxa Selic na casa dos 6,5% ao ano.

Pois bem, tendo tudo isso em mente, temos o seguinte cenário:

70% da Selic: 4,55% ao ano.

Rendimento líquido da poupança: 6.089,53 reais

Não há custos a serem considerados, porque a poupança é um investimento isento de imposto de renda, e não há uma taxa de 0,3% ao ano como no Tesouro. Ou seja, o rendimento final dela já é líquido. E, mesmo assim, vemos que a poupança é uma alternativa pior do que o Tesouro Selic quando falamos de rentabilidade.

Se considerarmos ainda um prazo de vinte anos, a diferença entre os dois investimentos chega a ser de 9.331,21 reais, podendo aumentar ainda mais caso o valor dos aportes se altere. Num exemplo apenas pontual, se mantivermos esse prazo em vinte anos, mas mudando os aportes para mil reais por mês, a diferença entre os dois investimentos pula para 42.052,73 reais, a favor do Tesouro Selic.

Caso haja alguma dúvida em relação a investimentos maiores, aqui vai outro exemplo, mas com um valor de aporte bem maior do que nos exemplos anteriores:

Valor inicial	R$ 15.000,00
Valor mensal	R$ 345,00
Taxa de juros (ano)	6,4%
Taxa referencial (ano)	0,00%
Período (mensal)	120

Tesouro Selic (bruto)	R$ 85.111,06
Tesouro Selic (líquido IR)	**R$ 80.804,40**
Poupança	**R$ 75.452,77**

No caso apresentado, é importante entender que na poupança, quando a taxa Selic está maior ou igual a 8,5% a.a., ela rende 0,5% a.m. + TR. Abaixo de 8,5% a.a., esse rendimento muda, e a poupança passa a render TR + 70% da Selic, como informado antes.

OUTROS TIPOS DE TESOURO

Já o Tesouro IPCA é o título público com rendimento atrelado à inflação (tendo como base o índice do IPCA), juntamente a uma taxa fixa. O Tesouro

IPCA é mais indicado para longo prazo por dois motivos muito importantes: 1) as datas de vencimento são maiores; 2) essa modalidade de investimento garante rentabilidade acima da inflação, o que torna esse título interessante para assegurar um aumento do poder de compra no longo prazo.

Por conta disso, ele é interessante também para investidores focados em aposentadoria, uma vez que consegue elevar o padrão de vida de acordo com a inflação. Isso, à primeira vista, pode não parecer tão impactante, mas segundo dados do IBGE, hoje apenas 1% da população brasileira consegue se aposentar com um padrão de vida igual ou maior ao que tinha como trabalhador ativo. Imagine que, de cada cem pessoas que você conhece, 99 delas vão se aposentar em uma situação pior do que a que se encontravam enquanto ainda trabalhavam. Um dado preocupante, ainda mais sabendo que a população brasileira está envelhecendo mais rápido, o que vai pressionar ainda mais o sistema previdenciário e de saúde nas próximas décadas.

Para termos uma ideia de como pode render o Tesouro IPCA, vamos a algumas simulações.

Primeiro, vamos considerar um Tesouro IPCA 2038. Se investirmos quinhentos reais inicialmente e cem reais por mês, considerando ainda que o IPCA fique em 4,17% ao ano,[1] que sua taxa prefixada seja de 5,56% ao ano e que a taxa Selic fique em 6,5% ao ano, chegamos ao seguinte resultado:

DATA DE APORTE: 24/07/2018

Data do resgate	Valor inicial investido	Aportes mensais	Soma dos valores investidos (nominal)
24/07/2038	R$ 500,00	R$ 100 (239)	R$ 24.400,00

Investimento	Valor bruto de resgate (R$)	Rentabilidade bruta (a.a.)	Custos (R$)	Valor do imposto de renda (R$)	Valor líquido do resgate (R$)	Rentabilidade líquida (a.a.)
Título	74.579,48	9,98%	1.521,69	7.533,11	64.258,45	8,73%

Se formos comparar com a poupança para o mesmo período, temos um valor líquido de resgate de 8.757,55 reais, menor do que o valor retornado pelo Tesouro IPCA para o período.

1 Relatório Focus de 06/07/2018.

Importante dizer, porém, que existe a possibilidade de ganhar mais ou menos do que o esperado num Tesouro IPCA ou Tesouro Prefixado, caso a aplicação seja resgatada de forma antecipada, mas esse risco será comentado um pouco mais adiante. O importante neste momento é perceber a dinâmica do Tesouro IPCA: ele não apenas renderia mais do que a poupança, como retornou uma rentabilidade de 5,56% ao ano, acima da inflação. Se formos olhar para a rentabilidade real da poupança com as suposições da mesma simulação, teríamos um retorno de pífios 0,4% ao ano. Muito pouco.

A diferença, assim como no Tesouro Selic, cresce com o tempo. Se considerássemos um investimento durante vinte anos, mantendo as mesmas taxas, teríamos uma diferença de 24.778,25 reais a favor do Tesouro IPCA.

Por fim, o Tesouro Prefixado é o título público que tem o seu rendimento atrelado a uma taxa fixada. O Tesouro Prefixado é o mais indicado para quando entramos em uma situação em que vale a pena fixar a taxa de juros, por acreditar, por exemplo, que esse valor vai cair no futuro. Ou seja, é um título mais usado para movimentos especulativos – que serão abordados nas próximas páginas.

O Tesouro Prefixado é simples. Como sua taxa é prefixada e vai até o vencimento, se você investir num Tesouro Prefixado de 10%, independentemente de oscilação de taxa de juros e inflação, o seu título renderá 10%. Por isso, quando a taxa de juros e a inflação caíram no Brasil após 2015, o Tesouro Prefixado ganhou alguns holofotes.

É importante salientar que existem duas versões para o Tesouro IPCA e para o Tesouro Prefixado. Os dois títulos possuem ainda uma modalidade que chamamos de "cupom semestral". Basicamente, esses dois títulos permitem recebimento de juros do investimento sempre ao fim de cada semestre, em vez de esperar para receber no vencimento da aplicação ou em seu resgate.

A parte boa é que podemos utilizar esse retorno semestral para investir em mais títulos ou tê-lo como uma renda periódica garantida. O problema é que perdemos um pouco do poder dos juros compostos, já que esse rendimento acaba não sendo acrescentado no título, como acontece com os demais.

Apesar de ser visto como uma modalidade de investimento muito segura, existem três riscos ligados ao Tesouro Direto, que são comuns a qualquer investimento: o risco de crédito, o risco de liquidez e o risco de mercado.

Risco de crédito: O investimento no Tesouro, por estar atrelado à possibilidade de pagamento por parte do governo, é o investimento mais seguro do país. Porém, é importante entender que o risco sempre existe, por menor que seja.

Risco de liquidez: Precisar se desfazer do ativo às pressas pode ser prejudicial ao seu rendimento. Logo, corremos o risco de arcar com prejuízos advindos de resgates antes do previsto. Apesar disso, todos os títulos do Tesouro Direto têm alta liquidez, caindo na conta um dia útil após o pedido de resgate.

Risco de mercado: Volatilidade nos preços.

Ainda falando de Tesouro Direto, existe uma forma de ganhar mais dinheiro do que o esperado com os títulos públicos. Mas é uma forma que envolve risco e especulação.

TESOURO DIRETO

Dados da compra

Data da compra	Quantidade de títulos	PU Compra (R$)	Valor investido (R$)	Rentabilidade contratada
20/11/2014	8,00	735,75	5.886,00	IPCA + 6,15%
Total	8,00		5.886,00	

Situação hoje (no caso de venda antecipada)

Rentabilidade bruta hoje		Valor bruto	Tempo de aplicação	Alíquota I.R.	Imposto previsto (R$)			Taxa devida (R$)	Valor líquido (R$)
Anual	Acumulada %	R$	Dias corridos	%	IR	IOF	B3	Agente custódia	R$
IPCA+ 14,91%	13,82	6.699,28	192	20	162,65	0,00	9,53	0,00	6,527,10
Total		6.699,28			162,65	0,00	9,53	0,00	6.527,10

Acima, temos uma imagem real de uma operação que realizei em 2014. Eu comprei, no dia 20/11/2014, oito títulos de Tesouro IPCA + 2035. Mas em 31/05/2015 meu título tinha se valorizado 13,82%, mesmo tendo uma rentabilidade contratada de IPCA + 6,15% ao ano. Como isso é possível?

Basicamente, há uma peculiaridade nos investimentos do Tesouro que possuem taxas prefixadas. Eles, de maneira diferente do Tesouro Selic, que rende em linha reta, têm oscilações de preço no mercado secundário. Isso acontece por dois principais motivos:

1. No Tesouro Direto, ao resgatarmos um título antes do prazo de vencimento, o que estamos fazendo é, na realidade, uma venda antecipada do título. Por ser uma venda, nós o vendemos em mercado secundário, que está sujeito a alterações conforme oferta e demanda.
2. Nesse tipo de investimento há o que chamamos de valor de face. Basicamente, o valor de face é o valor bruto a ser recebido para cada unidade de título. Como esse valor é fixado em mil reais, nós já sabemos que, no vencimento do título, uma unidade dele terá que obrigatoriamente valer mil reais. Por causa dessa característica, se a rentabilidade do título na hora da compra se altera, o preço de mercado também se altera.

Na imagem abaixo, há uma ilustração de como isso acontece para o Tesouro Prefixado:

TESOURO PREFIXADO

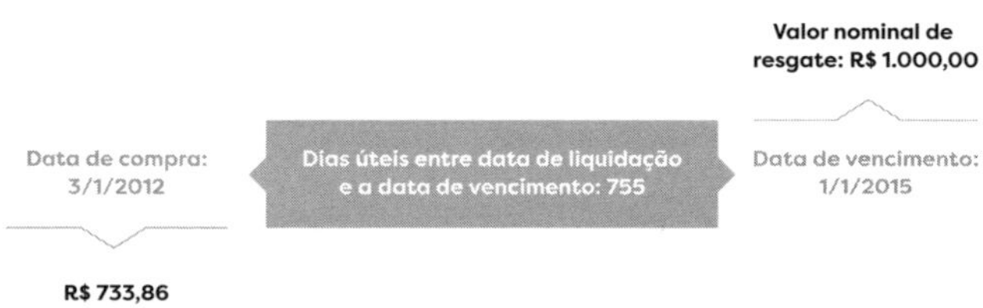

Agora, para podermos entender melhor, vamos a um exemplo. Pense em um título do Tesouro Prefixado com o vencimento para um ano e que tenha a taxa de juros em 25% a.a. Se o valor de face de um título é fixado em 1 mil reais e o seu vencimento é para apenas um ano, quer dizer que ao fim desse primeiro ano uma unidade do título terá de te retornar exatamente 1 mil reais, certo?

Então, temos uma lógica a seguir: se ele rende 25% em um ano, isso significa que, para chegar em 1 mil reais do valor de face, o título precisa render 25% de juros em relação ao preço de compra.

Em uma fórmula matemática simples, em que du: dias úteis do vencimento, essa relação seria expressa por:

Preço de uma unidade × $(1 + \text{taxa de juros})^{*du/252}$ = valor de face

Vamos supor que realizo uma compra de um título para um ano, com taxa de juros de 25%.

Fazendo o cálculo com a fórmula descrita anteriormente, teremos:

Preço de uma unidade × $(1 + 0{,}25)^{252/252}$ = R$ 1.000,00

Preço de uma unidade = R$ 1.000,00 ÷ 1,25

Preço de uma unidade = R$ 800,00

Observação: 252 é o número de dias úteis em um ano. Como o título público rende somente em dias úteis, e a aplicação do exemplo é para um ano, chegamos a esse número. Caso o tempo seja para dois anos, mudamos no número de cima; o de baixo (denominador) continua o mesmo.

Replicando a fórmula, mas supondo que a taxa de juros do investimento tenha subido para 30% ao ano, o resultado seria:

Preço de uma unidade × $(1 + 0{,}3)^{252/252}$ = R$ 1.000,00

Preço de uma unidade = R$ 1.000,00 ÷ 1,3

Preço de uma unidade = R$ 769,23

Pois bem, pelo fato de o valor de face ser fixado em mil reais, isso quer dizer que uma alteração na taxa de juros do investimento consequentemente leva a uma alteração obrigatória no preço da unidade. Essa alteração acontece para que, ao fim do investimento, ainda seja respeitado o valor de face de mil reais. Temos, então, uma conclusão importante: o preço da unidade tem uma relação de dependência com a taxa de rendimento do título.

Só que, pense comigo: à medida que a taxa de juros do título aumenta, isso significa que mais juros são necessários para o investimento chegar a mil reais do valor de face, certo? Isso nos dá outra informação importante, a de que quanto maior é a taxa de juros do título, menor é o preço de uma unidade do título no mercado.

Como a taxa de juros do título oscila no mercado, isso faz com que seja possível vender o nosso título do Tesouro por um preço maior ou menor do que o preço que pagamos na compra. E a parte boa disso é que você não precisa se preocupar em calcular. O Tesouro Direto poupa todo seu trabalho com a conta, e você consegue ver, pelo próprio extrato do seu investimento, se vai vender o título por um preço mais caro do que você comprou ou por um preço mais barato – basta olhar para a taxa efetiva mostrada no extrato.

Só temos que lembrar de um dado importante: o mercado sempre precifica o futuro. Para você ganhar dinheiro com as oscilações, precisa antecipar o andamento dos juros dos títulos. Muitas pessoas só tentam especular com esses títulos quando as taxas estão caindo, ou seja, quando o mercado antecipou o andamento da curva de juros. Por conta disso, elas acabam tomando ações atrasadas e não ganham tanto dinheiro quanto poderiam ganhar. Se você quer mesmo ganhar dinheiro com esses movimentos de taxas, entenda que terá que prever o mercado, o que não é algo simples de ser feito.

Na prática, basta imaginar alguns cenários hipotéticos de mudança de juros. Você compra um título que paga 10% ao ano de juros, mas a taxa de juros sobe após algum tempo. Caso queira fazer uma venda antecipada deste título, terá que oferecer um desconto ao mercado, que tentará pagar um valor por ele que garanta um rendimento, em seu vencimento, semelhante à taxa de juros que está sendo praticada no momento da negociação.

A mesma lógica ocorre na direção inversa. Quando os juros caem, um título atrelado a uma taxa de juros maior poderá ser vendido com um prêmio maior.

AÇÕES: CONCEITOS GERAIS

Se você já viu algum filme sobre o mercado financeiro, provavelmente escutou sobre investimentos em ações e Bolsa de Valores. É possível que tenha tido a impressão de que é algo muito complexo, com milhões de operações acontecendo e muita gente fora de si. Acontece que a realidade pode ser – e na maioria das vezes é – bem diferente do que os filmes apresentam.

Por exemplo, ações não são difíceis de serem compreendidas; são apenas um tipo de investimento que representa o capital social de uma companhia. Basicamente, o mercado acionário é uma alternativa que uma empresa tem para se financiar e expandir os seus negócios. É por meio delas que os investidores podem, efetivamente, se tornar sócios/acionistas de uma empresa de capital aberto, ou seja, listada em Bolsa. E isso exige conhecimento de alguns conceitos que vamos tratar a seguir:

Initial Public Offering (IPO): Basicamente, é a oferta primária de ações, que é quando a empresa coloca pela primeira vez suas ações na Bolsa de Valores, visando ganhar capital para expandir seus negócios. É apenas no IPO que a empresa consegue de fato dinheiro para financiar suas atividades, já que depois disso as ações vão para o chamado mercado secundário, que envolve apenas a compra e a venda de ações entre investidores. É importante frisar que, mesmo que a empresa não ganhe dinheiro com o mercado secundário, ele é de extrema importância para dar liquidez ao mercado de ações como um todo.

Um IPO é essencial para o crescimento saudável da economia. O mercado acionário serve como porta de entrada para capital em empresas que estão crescendo e acelerando seus planos de investimento. A abertura de capital também padroniza empresas, que precisam cumprir uma série de regras impostas pela Bolsa e autoridades legais, como publicação de balanços e fatos relevantes, trazendo maior transparência aos negócios e protegendo os investidores.

Ações ordinárias: São as que dão direito a voto na Assembleia Geral da empresa.

Ações preferenciais: Ações que garantem prioridade no repasse de dividendos feitos pela empresa, mas que não dão direito a voto.

Nesta tabela, vemos a composição acionária de ações do Banco Inter antes e depois do IPO realizado em 2018. Veja que muitas ações que estão com os principais acionistas sairão da mão deles.

	Antes da oferta				Após a oferta[1]			
	Ações ordinárias	%	Ações preferenciais	%	Ações ordinárias	%	Ações preferenciais	%
Rubens Menin de Souza	28.390.424	56,40	4.345.492	21,18	28.390.424	56,40	4.345.492	8,73
João Vitor Nazareth Menin Teixeira de Souza	6.186.552	12,29	-	-	6.186.552	12,29	-	-
Maria Fernanda Nazareth Menin Souza Maia	2.086.788	4,15	3.658.710	17,83	2.086.788	4,15	3.489.102	7,01
Rafael Menin NazarethTeixeira de Souza	2.086.788	4,15	3.658.716	17,83	2.086.788	4,15	3.489.108	7,01
Aquiles Leonardo Diniz	5.201.016	10,33	3.443.610	16,78	5.201.016	10,33	-	-
José Felipe Diniz	5.732.484	11,39	2.899.980	14,13	5.732.484	11,39	1.449.990	2,91
Marcos Alberto Cabaleiro Fernandez	675.940	1,31	1.951.220	9,51	675.940	1,31	975.610	1,96
Ações em tesouraria	-	-	120.100	0,59	-	-	120.100	0,24
Outros	-	-	438.516	2,14	-	-	35.915.236	72,14
Total	**50.341.992**	**100**	**20.516.344**	**100**	**50.341.992**	**100**	**49.784.638**	**100**

[1] Não haverá alteração no número de ações ordinárias

As ações serão vendidas para capitalizar a empresa, que poderá investir em projetos e acelerar seu crescimento sem contrair uma dívida cara, pois está trocando ações por dinheiro.

E já que falamos de dividendos – que nada mais são do que uma forma que a empresa tem de remunerar o acionista –, é bom notar que existe uma diferença entre dividendos e os chamados juros sobre capital próprio (JSCP).

Tanto os dividendos quanto os JSCP são duas maneiras diferentes de acionistas ganharem dinheiro com ações, porém os JSCP são uma forma disponível de que a empresa pague menos imposto.

Dividendo: Dividendos são isentos de IR, pois vêm do lucro líquido, este tributado na declaração da empresa para a Receita Federal.

JSCP: Os juros sobre capital próprio não possuem incidência de IR para a empresa, pois são tratados como "despesa", mas o IR é cobrado do investidor.

A seguir, podemos ver os dividendos anuais recebidos por acionistas da Itaúsa. Em 2017, o investidor recebia 0,88 centavos por cada ação que possuía. As ações de ITSA4 fecharam o ano de 2017 cotadas a 10,82 reais.

DIVIDENDOS TOTAIS PAGOS POR ANO

Ano	Total de dividendos pagos (bruto) (R$ mil)	Total de dividendos unitários (bruto) (R$)	Total de dividendos unitários (líquido) (R$)
2017	7.296.969	0,97631	0,88315
2016	4.315.039	0,5828	0,50438
2015	3.034.528	0,4492	0,4021
2014	2.704.762	0,4433	0,3996
2013	2.151.178	0,3936	0,3436
2012	1.904.082	0,3928	0,3429
2011	1.858.611	0,4217	0,3668
2010	1.635.544	0,3739	0,3262
2009	1.406.671	0,3237	0,2835
2008	1.596.841	0,4114	0,3646
2007	1.340.336	0,3800	0,3302
2006	1.301.953	0,4092	0,3478
2005	891.786	0,2800	0,2380
2004	696.775	0,2161	0,1837
2003	613.242	0,1910	0,1624
2002	414.561	0,1317	0,1119
2001	394.713	0,1286	0,1093
2000	333.164	0,1121	0,0953
1999	250.663	0,0855	0,0727
1998	208.545	0,0678	0,0599
1997	121.398	0,0389	-

INVESTIR MELHOR

Uma estratégia interessante na Bolsa de Valores é sempre reinvestir o dinheiro que se ganha com os dividendos de uma empresa. Assim, o investidor vai aumentando tanto seu patrimônio quanto os aportes ao longo do tempo. No futuro, os dividendos poderão se tornar uma fonte de renda extra.

Porém, um lembrete importante é o de que o mercado de ações faz parte do mercado de renda variável. Por isso, é importante entender que não há um rendimento fixo, ele vai depender das oscilações do mercado. Pode-se ganhar por meio da valorização da ação como por meio dos dividendos/proventos pagos, mas tudo isso possui riscos consideráveis, já que, ao investir em uma ação, estamos sujeitos ao risco de os preços das ações oscilarem e de a empresa da qual somos acionistas quebrar.

Faça um paralelo com o empreendedor que investe em seu próprio negócio. Ele também pode passar por períodos de altos e baixos, com fases em que a empresa própria cresce com a necessidade de poucos investimentos, outros em que é preciso aportar recursos para combater a concorrência e diminuir as margens. Ao ser acionista de uma grande corporação comprando as suas ações, você deve entender por quais ciclos ela está passando e se, mesmo em um momento de baixa, ela possui fundamentos sólidos que poderão se converter em novo crescimento adiante.

Na tabela a seguir, indica-se o rendimento anual de pessoas que ficaram famosas por ganharem dinheiro na Bolsa de Valores. Os números entre parênteses indicam por quantos anos cada um investiu.

RENTABILIDADE DOS INVESTIDORES

Nome	Retornos capitalizados anualmente	Nome	Retornos capitalizados anualmente	Nome	Retornos capitalizados anualmente
Richard Dennis	**120% (19)**	George Soros	29% (34)	Lou Simpson	20,3% (24)
Michael Marcus	120% (10)	Eddie Lampert	29% (16)	*W. Schloss*	*20% (49)*
Jaffray Woodriff	118% (10)	P. Tudor Jones	26% (19)	R. C. Perry	20,8% (20)
Bruce Kovner	87% (10)	Scott Ramsey	25.7% (11)	P. Watsa	20% (15)
Randy McKay	• 80% (20)	**Paul Rabar**	**25.5% (23)**	*Tom Knapp*	*20% (16)*
V. Sperandeo	72% (19)	Martin Zweig	25% (19)	Edward Thorp	19,8% (29)
Ed Seykota	• 60% (30)	*J Robertson*	25% (20)	B. S. Sherman	19,6% (20)
W. Eckhadt	**• 60% (13)**	M. Steinhardt	24.7% (28)	D. Einhorn	19.4% (17)
Gil Blake	45% (12)	C. Munger	24% (12)	Steve Clark	19.4% (11)
J. Greenblatt	45% (19)	Joe Vidich	24% (10)	G. Michaelis	18,4% (15)
William O'Neil	• 40% (25)	**Liz Cheval**	**23,1% (23)**	*Bill Ruane*	*18% (14)*
Jim Ruben	40% (10)	Warren Buffett	23% (54)	G. Greenberg	18% (25)
Jim Rogers	38% (11)	Bruce Karsh	23% (25)	Jack Dreyfus	17.7% (12)
S. Druckenmiller	37% (12)	S. Perimeter	23% (18)	Daniel Loeb	17.6% (15)
Robert Wilson	34% (20)	**H. Seidler**	**22,8% (23)**	M. J. Whitman	17,2% (21)
James Simons	34% (24)	F. G. Paramés	22,53% (14)	A. Vandenberg	16,6% (33)
Rick Guerin	34% (19)	**Jerry Parker**	**22,2% (23)**	S. Klarman	16,5% (25)
Jeff Vinik	32% (12)	Shleby Davis	22% (45)	T. Rowe Price	16% (38)
Louis Bacon	31% (12)	Martin Taylor	22% (11)	Tom Russo	15,8% (24)
David Bonderman	> 30% (20)	**S. Abraham**	**21,7% (19)**	Peter Cundill	15.2% (33)
R. Driehaus	30% (12)	Tom Claugus	21% (26)	J. Templeton	15% (38)
Tom Shanks	**29.7% (22)**	*B. Graham*	21% (20)	John Neff	14,8 (31)
Peter Lynch	29.2 (13)	A bolton	20.3% (27)	Philip Carret	13% (55)

FONTE: Excess Returns: A comparative study of the methods of the world's greatest investors.[1]

Desses investidores, vale a pena destacar três que possuem os maiores retornos anuais compostos: Benjamin Graham, Warren Buffett e Peter Lynch.

1 (Vanhaverbeke, 2014).

Benjamin Graham: Conhecido como o pai do *value investing*, foi um dos grandes ícones da arte da análise fundamentalista. Graham foi um dos precursores do que conhecemos como "investir com base nos fundamentos da empresa" em seu livro *Security Analysis*. Certamente, foi um dos investidores mais inspiradores de todos os tempos, tendo sido fonte de exemplo inclusive para um dos mais reconhecidos investidores dos tempos modernos, Warren Buffett.

Warren Buffett: Sempre presente no noticiário, é o investidor vivo mais bem-sucedido e o terceiro homem mais rico do mundo segundo a *Forbes* (2018). Tornou-se um "guru" absoluto no mundo dos investimentos, pois nenhum outro investidor chegou próximo de seus 23% de retornos anuais com 54 anos de investimento. O mais próximo foi Philip Carret, com 55 anos de trajetória, porém com rendimento médio bem menor, de 13% ao ano.

Peter Lynch: Apesar de não ter um histórico muito longo, Lynch fez seu nome por sua atuação no Magellan Fund – fundo que geriu por treze anos –, que obtinha resultados que quase dobravam as performances do S&P500 durante sua gestão. O patrimônio de 18 milhões de dólares do fundo atingiu expressivos 14 bilhões de dólares ao longo do tempo.

Ainda há mais algumas informações importantes para a análise de ações, como:

Liquidez: A liquidez do mercado de ações é D+3, ou seja, em três dias úteis após o pedido de compra/venda ocorre a sua liquidação. Não há mínimo para investir, mas temos de ter em mente que é melhor:

1. Ter uma carteira de investimentos previamente formada com, pelo menos, um fundo de emergência.
2. Não investir a ponto de ser altamente prejudicado pelas taxas – principalmente para quem quer especular.

Pensando na segunda questão, suponha que a taxa de uma corretora de um banco tradicional seja de 10 reais + 25% por ordem. Nesse caso, você pagará mais conforme o valor que você compra e vende em ações, já que o custo aumenta ou diminui com base no valor da ordem. Se forem comprados cem reais em ABEV3, o valor seria de 10 reais + 25 reais, ou seja, 35 reais em taxas somente na compra, um prejuízo de 35%.

Uma vez que a corretagem acontece tanto na ordem de compra quanto na venda, podemos então considerar que teremos outros 35 reais e 35% para pagar com o lucro dessa ABEV3. Logo, para sair no zero a zero com a compra da ABEV3, o investidor precisaria ter pelo menos 70% de ganhos, o que é bem difícil de imaginar até mesmo para uma ação com bons banhos, pelo menos em curto prazo.

E se a empresa que me assiste como corretora quebrar? Nada acontece. Corretora, como explicado antes, é apenas um agente de custódia (um intermediário). Caso a corretora quebre, o investidor apenas perderá o intermediário entre ele e o investimento, que está numa central de custódia e terá de ser intermediado por outro agente.

Na tabela abaixo, há o desempenho de algumas ações da Bolsa de Valores ao longo do tempo:

INVESTIMENTO EM CADA UMA DAS OPÇÕES (DESCONTANDO A INFLAÇÃO)

Inicio dos Históricos	Período (anos)		R$ 100,00	R$ 10.000,00	R$ 100.000,00
Ambev	1988	30	R$ 31.049,44	R$ 3.104.944,12	R$ 31.049.441,17
Alpargatas	1986	32	R$ 482,23	R$ 48.223,00	R$ 482.229,99
Itaú Unibanco	1986	32	R$ 9.411,98	R$ 941.197,87	R$ 9.411,987,69
Magazine Luiza	2011	7	R$ 473,40	R$ 47.339,52	R$ 473.395,19
Petrobras	1986	32	R$ 624,81	R$ 62.480,91	R$ 624.809,10
Vale	1986	32	R$ 4.422,36	R$ 442.235,73	R$ 4.422.357,35
CDI	1986	32	R$ 2.561,78	R$ 256.177,55	R$ 2.561.775,49

Caso você não saiba onde encontrar informações como essas ou, mais do que isso, como achar informações e fatos relevantes sobre as empresas listadas na Bolsa de Valores, recomendo dois lugares especiais para procurar: o próprio site da Bolsa e o site Fundamentus. Neles, você irá encontrar cotações, gráficos, indicadores e notícias, além de detalhes bem específicos como dados administrativos e CNPJ.

COMO OPERACIONALIZAR O INVESTIMENTO EM AÇÕES

Para operacionalizarmos tanto uma compra quanto uma venda de uma ação, o processo é o mesmo. Precisamos recorrer ao *home broker*[1] de uma instituição. É por meio dessa plataforma que temos acesso à Bolsa de Valores.

Ignorando a forma do *home broker*, que varia de corretora para corretora, o principal será mostrado a seguir: a aba de ordem de compra e a aba de ordem de venda. Será por meio dessas abas que você fará a compra e a venda de uma ação.

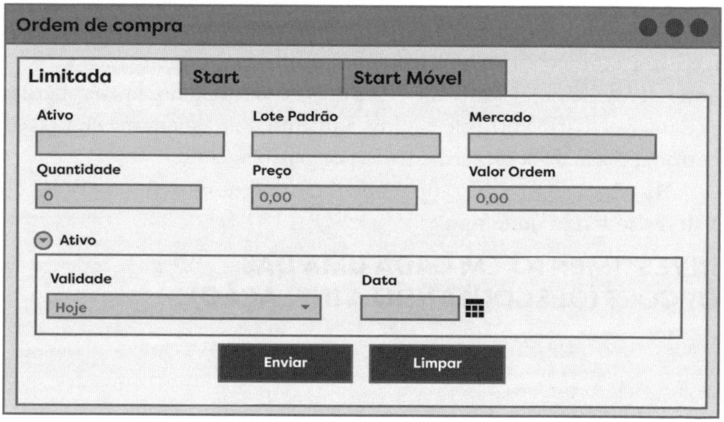

Irei explicar cada informação que aparece nas abas de compra e venda. Comecemos pelos campos semelhantes.

Ativo: Papel ou título que deseja comprar.

Lote padrão: As ações são negociadas normalmente em lotes de cem ações. Ainda é possível comprar ou vender menos do que o seu lote padrão, mas aí entramos no que chamamos de mercado fracionário, que oferece menor liquidez do que a negociação por lote padrão. Esta parte será preenchida automaticamente após a identificação do ativo.

1 Ferramenta eletrônica que permite a negociação de ações via internet. O termo *broker* significa "corretor de ações" nos EUA (equivalente ao agente autônomo de investimentos no Brasil).

Mercado: Em caso de compra de ações, determina que será realizada no modo tradicional, com liquidação em três dias úteis – o que é também conhecido como "mercado à vista". Existem ainda o mercado a termo e o mercado futuro, mas não iremos nos aprofundar nestes por enquanto.

Quantidade: O número de ações que você deseja comprar.

Preço: O preço pelo qual você deseja comprar cada unidade de ação. Será multiplicado pela quantidade desejada, informando o valor total de compra.

Valor ordem: Aqui será mostrado o valor total da ordem, ou seja, o valor total de compra. Será um valor preenchido automaticamente.

Validade: Existem quatro tipos de validade:

- **Hoje:** Caso a ordem de compra/venda não aconteça no dia em que ela foi posta no mercado, a ordem será cancelada.
- **Executa ou cancela:** Em caso de, na Bolsa, não haver uma contraparte para comprar/vender o volume de ações que foram postas na ordem, o sistema irá executar a compra/venda com o número que estiver disponível; a quantidade excedente indicada na ordem é cancelada.
- **Para a data:** Você coloca a validade da sua ordem.
- **Até cancelar:** A ordem ficará no sistema até ser cancelada ou executada, lembrando que, em caso de alguma mudança na forma de negociação, a própria Bolsa pode cancelar a ordem.

Por fim, você deve ter percebido que há os campos "*start*" e "*start* móvel" (na ordem de venda, há os campos "*stop*" e "*stop* móvel"). Essas são ferramentas de gerenciamento de risco. O "*start*" é útil quando a cotação da ação a ser comprada atingir valor igual ou superior ao preço de disparo, chamado de "preço *start*". Assim, você automatiza a compra de uma ação, que vai "disparar" conforme o preço que foi estipulado.

Da mesma forma funciona o "*stop*", mas para venda. Estipula-se um preço no "*stop*", e, caso o preço de uma ação caia ou suba até o preço de disparo, o "*stop*" vai vender a ação conforme o preço estipulado.

"*Start* móvel" e "*stop* móvel" realizam as mesmas funções. Mas, no caso de "*stop*" e "*start*", se você deseja alterar os preços estipulados para um valor mais alto ou mais baixo, terá que fazer isso de forma manual. Por sua vez, o "*stop* móvel" e o "*start* móvel" fariam a operação automaticamente, em um limite de tempo estipulado por você.

COMO IDENTIFICAR SE UMA AÇÃO ESTÁ BARATA OU CARA?

Para entender como identificar se o preço de uma ação está alto ou baixo, primeiro precisamos entender melhor o preço. Ele reflete o consenso de mercado, porém, este subvaloriza uma ação. Isso acontece porque o mercado, no fim das contas, refere-se a pessoas, e, enquanto algumas pessoas acertam, outras erram. É normal.

Agora, quais indicadores podemos considerar para decidir quando devemos ou não comprar uma ação? Há alguns principais:

P/L: Como apresentado em páginas anteriores, ele é um dos mais importantes indicadores do mercado de ações, pois dá uma ideia do quanto o mercado está disposto a pagar pelo lucro de uma empresa.

Return on Equity (ROE): Em português, Retorno sobre o Patrimônio. É um valor obtido por meio da divisão entre lucro líquido e patrimônio líquido. Esse indicador é importante para entender a rentabilidade de uma empresa sob o valor de patrimônio dela. É por meio do ROE, por exemplo, que entendemos se a empresa está gerando um "prêmio", ou seja, um retorno melhor ou pior do que a renda fixa ou do que as outras empresas do mesmo setor também listadas na Bolsa.

Aqui há um gráfico do valor anualizado do ROE da ação preferencial do Itaú Unibanco (ITUB4):

RETORNO SOBRE O PATRIMÔNIO LÍQUIDO

Anualizado (dados de janeiro)

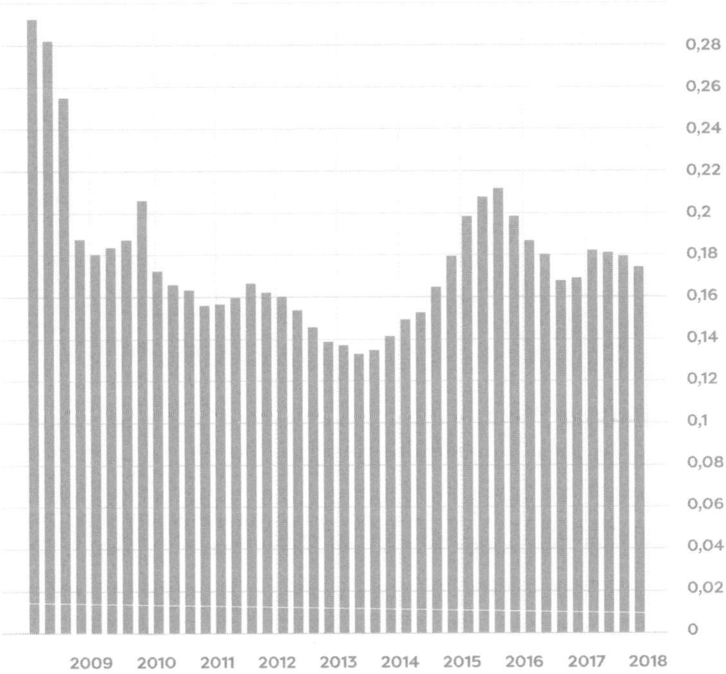

FONTE: Fundamentus.

Porém, é importante dizer que apenas este indicador não revela muito. Apesar de ser bom, é necessário estar alinhado com outros indicadores.

- **Preço sobre o valor patrimonial (P/VPA):** Indicador muito interessante para se observar durante crises. Isso porque, nas turbulências, em geral encontramos um cenário em que várias empresas estão sendo negociadas por um preço abaixo do seu valor patrimonial.

Quando isso acontece, pode ser interessante a aquisição, pois se adquiríssemos todas as ações da empresa estaríamos comprando por um valor abaixo do que ela vale. É apenas necessário ter cautela, porque entender o valor patrimonial de uma empresa não é algo tão simples. Durante a famosa "crise das pontocom", por exemplo, fazer o *valuation* das empresas de tecnologia que estavam na moda era complexo, pois eram de negócios novos, sem um histórico próprio de rendimentos.

Isso fez com que muitos investidores apenas especulassem o crescimento dessas empresas. Algumas apostas deram muito certo – como a Dell e a Microsoft, que juntas retornaram cerca de 9,8 milhões de dólares[1] –, mas outras nem tanto.

Uma das melhores formas de usar esse indicador é em análises de setores (Itaú x Bradesco, por exemplo). Comparar um banco com uma empresa de tecnologia por meio do P/VPA pode levar a conclusões erradas, dado que a dinâmica das duas empresas é muito diferente.

Dividend Yield: Indicador que mostra o quanto uma empresa paga de dividendos em relação ao preço de sua ação. É um indicador muito importante, porque é por meio dele que o investidor pode ter uma ideia do quanto lhe é pago em dividendos, e o quanto isso representa do valor que pagou pela ação.

Porém, o investidor deve tomar cuidado, pois é muito comum comparar o *Dividend Yield* com a taxa de juros de investimentos de renda fixa para decidir qual paga mais. Mas vale lembrar que, mais do que os dividendos, uma empresa remunera o acionista por meio da valorização das suas ações.

Existe ainda um *trade-off* para as empresas no que se refere ao seu lucro. Elas têm de escolher entre remunerar seus acionistas por meio de dividendos ou usar esse dinheiro para investir no próprio negócio. Por isso, nem sempre um valor alto de *Dividend Yield* é interessante, já que pode significar que a empresa não sabe como reinvestir os seus lucros.

O cálculo desse indicador é feito pela seguinte fórmula:

1 (Lynch & Rothchild, 2011).

$$\textit{Dividend Yield} = \frac{\text{Dividendos pagos nos últimos 12 meses}}{\text{Atual preço da ação}}$$

FONTE: *The Economic Times.*

Na tabela a seguir, você encontra o valor do *Dividend Yield* de algumas ações na Bolsa de Valores:

Nome	Classe	Código	Subsetor Bovespa	DY (12 meses)	DY (média 5 anos)
Ambev S/A	ON	ABEV3	Bebidas	2,89%	3,26%
Itaú Unibanco	PN	ITUB4	Intermediário financeiro	8,34%	5,49%
Magazine Luiza	ON	MGLU3	Comércio	2,11%	1,89%
Petrobras	ON	PETR3	Petróleo, gás e biocom.	0,37%	0,64%
Petrobras	PN	PETR4	Petróleo, gás e biocom.	0,39%	1,07%
Vale	ON	VALE3	Mineração	3,34%	4,88%

CUSTOS DE OPERAR COM AÇÕES

Investir em ações, apesar de muitas vezes envolver ótimos ganhos, pode gerar perdas consideráveis. Esses erros de trajetória não advêm apenas de prejuízos com operações mal realizadas, mas também dos custos envolvidos. Nem todos os investidores prestam atenção a isso.

É muito importante entender não apenas os custos que envolvem o investimento em ações, mas também como é possível evitar despender muito dinheiro com ele. O primeiro passo é, obviamente, saber com quais custos estamos lidando.

Existe uma forma muito fácil de verificar quais são todos os custos: a nota de corretagem. É um documento oferecido pela corretora de investimentos que nos informa sobre uma operação que realizamos, além de quase todos os custos que incidiram sobre essa operação.

Em suma, existem quatro custos em ações para os quais precisamos nos atentar:

1. Corretagem
2. Emolumentos
3. Custódia mensal
4. Imposto de renda

CORRETAGEM

Você paga a corretagem sempre que compra ou vende um ativo na Bolsa de Valores. Ela pode ser cobrada de forma fixa ou variável.

Quando é cobrada de forma fixa, o valor é travado por operação realizada. Por exemplo, uma instituição pode cobrar dez reais de corretagem a cada operação de compra ou venda realizada, independentemente do valor da operação.

O valor variável costuma ser indicado em percentual. Pode ser cobrado, por exemplo, 10% sobre o volume da operação em forma de corretagem.

E veja que os benefícios de cada forma variam bastante. Para quem investe em grandes quantidades, a corretagem variável em geral acaba representando um custo bem maior do que a fixa, mas esta tende a beneficiar quem investe pouco dinheiro.

A forma mais comum de cobrança de corretagem é a fixa. A forma variável aparece apenas nos casos em que estamos investindo, por exemplo, por meio de um assessor de investimentos – e, nesses casos, é comum que se peça uma taxa fixa de corretagem e uma parte variável.

É importante salientar que, sempre que pagamos a taxa de corretagem, uma parte desse valor é destinado ao imposto sobre serviços, o ISS. A taxa do ISS varia entre os municípios, e, por isso, acaba dependendo de onde está localizada a instituição financeira que intermedeia suas operações em Bolsa de Valores. Por isso, é até interessante que você, como investidor, vá atrás da sua instituição para entender qual o valor que ela efetivamente paga de ISS, até para entender se o valor que você paga – e que aparece na nota de corretagem – é justo ou não.

Na imagem a seguir, podemos ver um modelo de nota de corretagem com as taxas de emolumento + corretagem + ISS evidenciadas pelo destaque cinza:

Resumo dos negócios	
Debêntures	0,00
Venda à vista	0,00
Compra à vista	481,26
Opções - compras	0,00
Opções - vendas	0,00
Operações a termo	0,00
Valor das operações com títulos públicos (V.Nom)	0,00
Valor das operações	481,26

Resumo dos negócios		D/C
CBLC		
Valor líquido das operações	481,26	D
Taxa de liquidação	0,13	D
Taxa de registro	0,00	D
Total CBLC	481,39	D
Bovespa/Soma		
Taxa de Terno/Opções	0,00	D
Taxa A.N.A.	0,00	D
Emolumentos	0,02	D
Total Bovespa/Soma	0,02	D
Corretagem/Despesas		
Corretagem	8,90	D
ISS (São Paulo)	0,84	
Outras	0,00	D
Total Corretagem/Despesas	8,90	D
Líquido para 30/05/2018	**491,16**	**D**

EMOLUMENTOS

Os emolumentos são um tipo de custo cobrado por operação. São recolhidos pela B3 e pela CBLC, a central responsável por fazer a custódia e a liquidação das ações. Essa taxa incide sobre o volume de compra das ações, mas é importante entender que aquela que é cobrada pela B3 é diferente da taxa da CBLC. Essa taxa também varia a depender da natureza da operação; o custo devido por uma operação de *swing trade* é diferente da de *day trade*.

O *swing trade* indica que a compra da ação foi realizada em data diferente de sua venda. O *day trade* indica que a movimentação de compra e a de venda de uma ação foram feitas no mesmo dia.

Hoje, em 2018, a B3 cobra 0,0275% sobre o volume no *swing trade*, e no *day trade* cobra 0,02%. Já a CBLC cobra 0,005% sobre o volume no *swing trade* e no *day trade*.

CUSTÓDIA

A custódia é cobrada todos os meses pela corretora, no caso de você ter alguma "posição", ou seja, algum ativo investido no mês. É diferente da corretagem, que é recolhida apenas se alguma operação for realizada.

A parte boa é que muitas corretoras isentam os investidores dessa taxa. Caso isso não aconteça, geralmente é cobrada uma taxa fixa.

Nas tabelas a seguir podemos ver todas essas taxas dentro de um modelo de nota de corretagem, com as taxas destacadas:

Resumo dos negócios	
Debêntures	0,00
Venda à vista	0,00
Compra à vista	23.550,00
Opções - compras	0,00
Opções - vendas	0,00
Operações a termo	0,00
Valor das operações com títulos públicos (V.Nom)	0,00
Valor das operações	23.550,00

Resumo dos negócios		D/C
CBLC		
Valor líquido das operações	23.550,00	D
Taxa de liquidação	6,47	D
Taxa de registro	0,00	D
Total CBLC	23.556,47	D
Bovespa/Soma		
Taxa de Termo/Opções	0,00	D
Taxa A.N.A.	0,00	D
Emolumentos	1,14	D
Total Bovespa/Soma	1,14	D
Corretagem/Despesas		
Corretagem	16,20	D
ISS (São Paulo)	1,73	D

COMO PAGAR MENOS IR COM AÇÕES

É fato: ninguém gosta de pagar imposto. Mas pensa comigo: pagar imposto de renda é um bom sinal para o investidor. Afinal se ele paga esse imposto, é porque está tendo lucro.

Então, não temos que ter "desgosto" com o imposto de renda, ele pode ser um bom sinal. É importante não negligenciar seu pagamento, porque isso poderá causar problemas no futuro.

Neste subcapítulo, contarei como funciona a aplicação do imposto de renda em ações e fundos imobiliários. Mais do que isso, revelarei como podemos escapar dele em algumas situações, como na compra de ações.

Duas coisas aqui devem ser entendidas:

1. Só pagaremos imposto de renda se tivermos lucro com o investimento. Em caso de prejuízo, o pagamento não é necessário. Porém, sempre que o investidor for obrigado a declarar, ele deve fazer isso todo mês por meio de uma emissão de um Documento de Arrecadação de Receitas Federais, o Darf.
2. Temos alíquotas diferentes de imposto para *swing trade* e *day trade*. Para o primeiro, a alíquota é 15% sobre o lucro. Exemplo: se eu comprei 100 mil reais em uma ação e as vendi por 110 mil reais, tive 10 mil reais de lucro. Calculando: 15% de 10 mil reais são 1,5 mil reais. No *day trade* a alíquota é de 20%.

Mas há um detalhe aqui: tanto no *swing trade* quanto no *day trade* a corretora retém um percentual da sua venda. No caso do *swing trade*, esse valor chega a ser de 0,005% das vendas, direto na fonte. No *day trade*, é retido 1% das vendas direto na fonte.

Por conta disso, se formos considerar uma operação de *day trade*, temos que considerar que o pagamento de imposto de renda, na realidade, será de 15% menos 1%, que já foi retido na fonte. Isso é importante para a Receita Federal, porque assim ela consegue rastrear possíveis sonegadores.

Mas existe uma forma de pagar menos imposto nessas operações. Isso porque somos obrigados a declarar e pagar o imposto apenas se as vendas de ações no mês superarem o valor de 20 mil reais. Ou seja, se eu vender até 19.999 mil reais no mês de janeiro, não pago o imposto referente a essas vendas.

Por isso, muitos investidores que têm posições altas em ações acabam se limitando a vender no máximo 20 mil reais por mês. Dessa forma, a incidência do imposto de renda de 15% ou 20% é evitada.

Para fugir do imposto, também há o conceito de "linha d'água", que consiste em considerar o último dia útil do mês, que é o tempo-limite para emissão do Darf, para evitar o pagamento de um imposto. Se, por exemplo, você tiver um lucro interessante com uma ação de sua carteira ao mesmo tempo que registra prejuízo com outra, pode vender as duas e abater do imposto de renda do seu lucro com a primeira o prejuízo da segunda. No primeiro dia útil do mês seguinte, bastaria recomprar as ações, evitando assim o imposto de renda.

Por exemplo: você comprou 20 mil reais em ações da empresa A, e atualmente elas estão valendo 25 mil reais. Você também comprou 30 mil reais em ações da empresa B, mas hoje elas estão valendo 24 mil reais. Se você só vendesse as ações da empresa A, teria que pagar imposto sobre os 5 mil reais de lucro. Porém, se você vender as ações da empresa B no mesmo mês, terá registrado um prejuízo de 1 mil reais, e não precisará pagar imposto.

ESPECULAÇÃO *VERSUS* INVESTIMENTO

Gostaria de elucidar ao leitor uma coisa muito importante: a diferença entre “especulação” e “investimento”. Isso porque é comum as pessoas confundirem investimento com *trading*, que é a compra e venda de ações visando lucrar com a oscilação de preços.

O *trading* é uma forma de ganhar dinheiro por meio da especulação. Você não está investindo de fato em uma empresa. Em outras palavras, você não está aspirando a um retorno com base no crescimento da empresa nem está considerando a solidez dos negócios dela; você está considerando apenas o preço da ação da empresa e analisando se esse preço pode subir ou descer a ponto de viabilizar uma operação. De acordo com as próprias palavras de Benjamin Graham, um dos pais da ideia de investimento: “Uma operação de investimento é aquela que, após análise minuciosa, promete segurança do capital e uma remuneração apropriada. As operações que não cumprem esses requisitos são especulativas”.

E não é que especular seja uma forma errada de ganhar dinheiro, pelo contrário, o *trader* profissional tem os seus méritos.

Mas temos que considerar que é muito difícil ser *trader*. O nível de conhecimento e dedicação exigido é muito alto, de forma que poucas pessoas conseguem, de maneira efetiva, viver apenas dessas operações no dia a dia. No fim, investimentos na Bolsa de Valores devem ser realizados considerando o longo prazo, e o investidor deve ter a intenção de fazer parte dos negócios das empresas.

Por isso, acredito que se investimos estudando os fundamentos das empresas, podemos ter maior segurança de que estamos fazendo bons negócios. O fator tempo também diferencia o investidor do especulador. O investidor geralmente pensa no longo prazo, pretendendo ser sócio, e por isso busca bons negócios. Já o especulador não liga para isso. Ele pretende apenas se beneficiar de algum cenário, seja positivo ou negativo.

Quando você tem muito dinheiro, fica mais difícil especular. Quando você tem pouco dinheiro, seu ganho é pequeno e exige muito esforço. Você poderia colocar esse esforço em outro lugar, talvez empreendendo, o que geraria muito mais dinheiro.

De qualquer forma, recomendo aos leitores que, se possível, sempre pensem em investir na Bolsa de Valores, e não especular. O caminho para ganhar dinheiro de verdade por meio da especulação é bem difícil e poucos conseguem. É algo que exige muito talento, esforço e controle emocional. Além disso, no curto prazo – ou seja, quando tem pouco dinheiro –, o especulador acaba se expondo muito mais do que o investidor ao que chamamos de "risco da ruína", que é o risco de que algo muito ruim aconteça e nos faça perder um montante de dinheiro que dificilmente recuperaremos algum dia.

QUAL É A SEGURANÇA DO MERCADO ACIONÁRIO?

É provável que você tenha se perguntado qual é a real segurança ao investir, principalmente se você investe por intermédio de uma corretora. E isso não é nada anormal, pelo contrário: no fim das contas, você está lidando com o próprio dinheiro.

Para entendermos se um investimento é seguro, temos duas instituições muito importantes a considerar: a CBLC e o CEI.

Quando você compra uma ação, geralmente utiliza uma corretora de valores para fazer a intermediação entre você e a Bolsa de Valores, que é o ambiente de negociação dos ativos. Porém, quando você compra a ação, onde ela fica? Guardada na corretora? Na Bolsa? Não. Ela fica na CBLC, a Companhia Brasileira de Liquidação e Custódia. Sua segurança é essa. A CBLC garante a segurança porque, mais do que guardar o seu investimento fora do risco financeiro das instituições, ela faz o registro das ações em seu nome e em seu CPF, o que possibilita a certeza de que as ações que você comprou são suas.

Além disso, há o CEI, o Canal Eletrônico do Investidor: quando você abre conta em uma corretora, esta faz seu registro na Bolsa, permitindo que você tenha acesso ao CEI. É por meio desse canal que o investidor consegue acompanhar informações diretamente da CBLC e pode consultar a posição e a movimentação de ativos negociados na B3, sem correr o risco de as informações serem manipuladas.

IMÓVEIS E FUNDO IMOBILIÁRIO

Se você nunca ouviu falar de fundo imobiliário, este é o grande momento para isso. Os fundos imobiliários – chamados de FIIs – são um tipo de ativo negociado em Bolsa que expõe o investidor ao mercado imobiliário. Na verdade, ao investir em um fundo imobiliário, em vez de comprar um imóvel sozinho, você estará se associando a vários outros investidores que também têm interesse em entrar no mercado imobiliário. O dinheiro de todos os investidores vai para um fundo, e esse fundo terá como objetivo uma série de compras no mercado imobiliário.

Com isso, temos um aspecto favorável do fundo imobiliário: diferente de uma compra financiada, na qual às vezes compramos um apartamento por 500 mil reais ou 1 milhão de reais, no fundo imobiliário conseguimos ter uma "parte" de um grande prédio comercial sem precisar de um grande valor em dinheiro para investir. Essa "parte" nós chamamos de "cota".

Além disso, assim como as ações, os fundos imobiliários repassam dividendos, que são equivalentes ao capital que temos no FII.

É importante entender que existem fundos imobiliários diferentes, que podem ser classificados da seguinte forma:

Fundos de renda (fundo de tijolo): Compram empreendimentos já construídos, com o foco na distribuição de rendimentos. Uma recessão econômica, porém, pode impactar a taxa de vacância e locação.

Fundos de títulos e valores mobiliários: Concentrados em CRI,[1] são títulos atrelados ao IGP-M, entre outros índices. Estão também relacionados aos riscos de mercado, como variação das taxas e risco de crédito.

1 Os Certificados de Recebíveis Imobiliários (CRI) são títulos de renda fixa lastreados em créditos imobiliários, emitidos por sociedades securitizadoras.

Híbridos: Mistura entre empreendimentos imobiliários, cotas de outros FIIs e títulos.

Em geral, os fundos imobiliários representam algumas outras vantagens para investidores:

1. Possibilita que pessoas com pouco capital para investir possam entrar no mercado imobiliário, algo que antes era possível apenas com financiamento.
2. O imposto de renda também é diferenciado. No caso da aquisição dos imóveis, se você adquirisse um e o alugasse, teria que pagar imposto de renda pelos rendimentos auferidos pelo aluguel. No caso dos fundos imobiliários, o rendimento já é isento de imposto de renda para o investidor pessoa física. Mas não se engane: ele é isento nos rendimentos mensais/dividendos. Para ganhos por meio da compra e venda de fundos imobiliários, há a incidência do imposto.
3. A liquidez para saída tende a ser melhor no fundo imobiliário. "Desfazer-se" de um imóvel, principalmente se ele for caro, não é algo tão simples. Envolve muito tempo e negociação. No caso dos fundos imobiliários, não. Você só precisa ir à Bolsa de Valores e colocar a ordem de venda!
4. A burocracia é importante nesse caso. Na aquisição de imóveis no modo tradicional, temos que nos preocupar com escritura, IPTU, advogado, condomínio e diversos outros documentos para conseguir completar a negociação sem nenhum problema. Mas no fundo imobiliário essa parte burocrática fica a cargo do gestor do fundo. A sua única preocupação será com a compra e a venda das suas cotas!
5. O reinvestimento no fundo imobiliário é mais fácil. Se você recebe 5 mil reais de um aluguel de um imóvel em seu nome, nem sempre será fácil usar esse dinheiro para reinvestir no imóvel. Inclusive, a valorização nesses casos não acontece da noite para o dia. Já no FII, você consegue reinvestir o dinheiro em mais cotas nos fundos imobiliários, com aumento de repasse para suas cotas no mês seguinte.
6. Por fim, a gestão profissional do fundo é muito interessante. Para uma pessoa comum, muitas vezes é difícil lidar com todos

os problemas e riscos que percorrem o mercado imobiliário, enquanto para o gestor profissional esses percalços são parte da rotina. Logo, a escolha de um gestor pode se mostrar algo mais assertivo.

IMÓVEIS E FUNDO IMOBILIÁRIO — COMO ESCOLHER UM BOM FUNDO IMOBILIÁRIO

Para fazermos uma escolha de um bom fundo imobiliário, temos diversos pontos a considerar. Farei aqui uma lista dos indicadores para os quais devemos olhar atentamente.

Taxa de vacância: É muito importante para qualquer análise de investimento de fundos imobiliários de imóveis em que haja inquilinos. Ela é a relação entre o volume de imóveis disponíveis e o volume total existente. Ou seja: é uma taxa que mostra os imóveis que estão vagos e, por isso, não estão "rendendo". Se você tem um fundo imobiliário que tem um imóvel com dez lugares e todos eles estão ocupados, ótimo! Isso significa que você receberá um rendimento que tende a ser interessante. Porém, se apenas cinco estiverem ocupados, você terá um problema, pois estará recebendo apenas metade da capacidade do fundo.

Gestão do fundo: É muito importante que procuremos conhecer melhor o gestor do fundo. Precisamos saber se ele tem experiência no mercado e se as experiências foram positivas, ou seja, se ele tem histórico de boa gestão de fundos imobiliários. Um erro muito comum de muitos investidores é considerar apenas o histórico de rendimentos do fundo imobiliário, e não do gestor.

Acontecem casos em que o fundo imobiliário troca de gestão. Se o investidor continua acompanhando somente o histórico de rendimento, depois pode ser pego de surpresa com performances ruins devido à troca de gestão. Ironicamente, ao mesmo tempo em que devemos ver com bons olhos o gestor, também devemos ter alguns cuidados. É normal que gestores com performances muito boas acabem sendo "disputados" pelos fundos imobiliários, e isso pode fazer com que ele não só mude bastante de instituição, mas também deixe de ter incentivos para melhorar a performance. Com boa remuneração salarial e disputado pelo mercado, pode ser que ele apenas se acomode em manter os ativos dos fundos estáveis.

Yield: É a relação do quanto o FII distribui em relação ao preço de sua cota. Quanto maior o *yield*, melhor para você. Mas, no caso dos fundos imobiliários, é necessário ter cuidado com a origem do *yield*. Isso porque é comum acreditar, em um fundo imobiliário, que o *yield* advém dos aluguéis dos imóveis do fundo. Acontece que há casos em que alguns outros fundos imobiliários conseguem rendimento não por meio dos aluguéis, mas pela valorização de suas cotas, o que é uma estratégia mais agressiva. Então, é importante se informar sobre a origem do *yield* para entender, de fato, se estamos investindo em algo que coincide com a nossa própria estratégia e percepção de risco.

Rentabilidade garantida: Alguns fundos imobiliários têm o que chamamos de "rentabilidade garantida", que nada mais é do que uma garantia de determinado rendimento em dinheiro durante um período firmada pelo fundo imobiliário com os cotistas. O problema é que essa rentabilidade pode não vir exatamente do desempenho do fundo, e sim do patrimônio dele. Neste caso, seria como se o fundo não estivesse conseguindo "se pagar" e, por causa da garantia, estivesse queimando uma parte do seu patrimônio para cumprir o prometido aos cotistas. Só que, ao fazer isso, o fundo acaba comprometendo o próprio valor de mercado. Um caso recente foi o FIGS11, um fundo imobiliário que acabou tendo suas cotas desvalorizadas, pois teve que reduzir seu valor patrimonial consideravelmente para cumprir com as obrigações de rentabilidade.

Taxas: O que é cobrado pelas partes envolvidas na transação.

Onde o fundo imobiliário aplica: O fundo imobiliário que você tem em mente aplica em imóveis ou em ativos, como os CRI? Mais ainda: em relação aos ativos em que o fundo aplica, quais são seus *ratings*? Veja que é importante entender a carteira do fundo, porque, afinal, o dinheiro estará em uma dessas aplicações. Entender se a carteira é boa ou não é entender se o dinheiro está ou não bem investido.

Valor patrimonial: Isso é muito importante, e é por meio dele que nós encontramos boas oportunidades. Por exemplo, se um imóvel é avaliado com o valor patrimonial de 500 mil reais e nós conseguimos adquiri-lo por 250 mil reais, fizemos um ótimo negócio, porque o compramos pela metade do preço que ele efetivamente vale. Do mesmo modo, isso pode acontecer com fundos imobiliários. De tempos em tempos é possível que surjam aqueles que tenham o seu preço abaixo do valor patrimonial, o que pode sinalizar ótimos negócios. O contrário também é possível.

***Cap rate*:** É a relação entre o preço do aluguel e o preço do imóvel. É importante até mesmo para entender o valor que está sendo pago em aluguel, comparado ao valor total dos imóveis que estão na sua carteira de fundo imobiliário. Geralmente imóveis de menor valor apresentam *cap rate* maior. Pode servir de comparativo entre os seus próprios imóveis em carteira, assim você pode melhorar as suas decisões ao escolher fundos imobiliários mais eficientes.

O maior ponto de atenção aqui é sermos justos e fazermos comparações apenas entre investimentos semelhantes. Não faz muito sentido comparar fundo imobiliário com um título público, por exemplo. São investimentos com dinâmicas completamente diferentes e, por isso, terão também características distintas.

E se você está se perguntando onde poderia encontrar boas fontes para pesquisar essas informações, você pode procurar entre estas alternativas:

1. Site de relacionamento com investidores do fundo (gratuito).
2. Site da B3 (gratuito).
3. Sites especializados, como Clube FII e fiis.com.br.

TÍTULOS DE CRÉDITO PRIVADO

Quando algum banco lhe oferece algum produto de renda fixa, ou quando você encontra um desses na plataforma da sua corretora, você está investindo em um título de crédito privado.

Esses títulos podem até parecer incompreensíveis, mas não são: ao investir num título como um CDB, o que você estará fazendo é emprestar o seu dinheiro para uma instituição, que se torna sua credora, ou seja, estará em dívida com você. É um processo bem semelhante ao dos títulos públicos.

Porém, é importante entender que os títulos de crédito privado representam um risco um pouco maior do que os títulos públicos, afinal de contas, estamos emprestando dinheiro não para o governo, e sim para instituições do mercado. Apesar de ainda haver opções conservadoras dentro do crédito privado, estas não terão um risco menor do que aquele inerente aos títulos públicos.

O processo de decisão de investimento em crédito privado é simples: se temos um risco maior no crédito privado do que no título público, esse risco tem que ser justificado com uma rentabilidade extra. Como também a liquidez no crédito privado pode ser bem menor do que no Tesouro, essa falta de liquidez tem que ser justificada por rentabilidade maior. Se essa rentabilidade maior não existir, então não temos uma boa justificativa para entrar nesse meio.

A ideia é que, ao entrar na plataforma de investimentos da sua corretora, você tenha acesso a diversas aplicações de renda fixa, inclusive de CDBs diferentes, que até podem ser do mesmo emissor, mas que possuem taxas e características diferentes. Qual deles vai valer mais a pena para você? Depende muito. Lembre-se que, assim como mostrei no Triângulo de Nigro, é importante que os investimentos tenham um prêmio de risco. Caso não tiverem, simplesmente vai valer mais a pena investir nas aplicações do Tesouro Direto, já que elas têm o menor risco do mercado.

A seguir, abordarei alguns investimentos de crédito privado no detalhe, que são:

1. Debêntures.
2. CDBs.
3. LCI/LCAs.

DEBÊNTURES

Assim como os títulos públicos e os títulos bancários, as debêntures são títulos emitidos por empresas para captação própria com o objetivo de financiar algum projeto. As debêntures possuem vencimentos um pouco alongados, porém, muitas delas pagam juros semestrais ou anuais, ou seja, é possível aumentar muito a sua rentabilidade com esse produto.

Por isso, e pelo fato de não possuir garantia do FGC, é normal que os investidores acreditem que as debêntures representam investimentos de maior risco. Mas isso nem sempre é verdade. Basta fazer um exercício mental básico: apesar de ser uma empresa, emprestar dinheiro para uma empresa como a Apple dificilmente seria um investimento "de risco". Pelo contrário, é uma empresa tão grande que é difícil de imaginar um cenário em que a Apple daria calote em investidores.

De toda forma, isso não quer dizer que toda debênture é conservadora. Podemos encontrar debêntures tanto mais "conservadoras" como debêntures com riscos consideráveis. Inclusive, grande parte das debêntures tem prazos mais extensos e é atrelada ao IPCA, dando a oportunidade de garantia de rentabilidade real com os rendimentos advindos da debênture.

Mas nunca é demais tomar algum cuidado, pois, como comentado antes, as debêntures podem representar (apesar de não sempre) um risco maior ao investidor.

Uma forma de termos noção desse risco é por meio dos *ratings*. Existem agências no mercado que fazem avaliação de empresas, às quais atribuem uma classificação de risco. Assim, o investidor consegue ter uma informação mais clara sobre a situação financeira da empresa.

Na imagem a seguir temos um exemplo de como esse *rating* é fornecido pela Standard&Poor's, com *rating* aplicável à Vale S.A. (antiga Vale do Rio Doce):

RATINGS RECEBIDOS PELA VALE

Vale S.A.

Issuer Credit Rating					
Rating Type	Rating	Rating Date	Regulatory Identifiers	CreitWatch/ Outlook	CreitWatch/ Outlook date
Local Currency LT	BBB- Regulatory Disclosures	29-jan-2016	EE	Stable	20-mar-2018
Foreign National Scale LT	BBB- Regulatory Disclosures	29-jan-2016	EE	Stable	20-mar-2018
Brazil National Scale LT	BrBAAA	16-nov-2006	-	Stable	20-mar-2018

Caso fique um pouco confuso, aqui está uma imagem com as classificações de risco e suas interpretações:

CLASSIFICAÇÃO DAS AGÊNCIAS DE RISCO

Fitch Ratings	Standard&Poor's	Moody's	Significado na escala
AAA	AAA	Aaa	Grau de investimento com qualidade alta e baixo risco
AA+	AA+	Aa1	
AA	AA	Aa2	
AA-	AA-	Aa3	
A+	A+	A1	
A	A	A2	
A-	A-	A3	
BBB+	BBB+	Bbb1	Grau de investimento, qualidade média
BBB	BBB	Bbb2	
BBB-	BBB-	Bbb3	
BB+	BB+	Ba1	Categoria de especulação, baixa classificação
BB	BB	Ba2	
BB-	BB-	Ba3	
B+	B+	B1	
B	B	B2	
B-	B-	B3	
CCC	CCC+	Caa1	Risco alto de inadimplência e baixo interesse
CC	CCC	Caa2	
C	CCC-	Caa3	
RD	CC	Ca	
D	C	C	
	D		

Outro ponto muito relevante a ser considerado é que as debêntures ligadas ao setor de infraestrutura são isentas de imposto de renda (são as "debêntures incentivadas"). Essa característica permite a muitas debêntures apresentarem rentabilidades relevantes.

Para você entender o impacto disso, vamos a uma comparação, levando em conta um IPCA de 4,17% ao ano, como nos exemplos dados no capítulo sobre o Tesouro Direto:

Se nós investíssemos 10 mil reais em um Tesouro IPCA que rendesse IPCA + 5,5% ao ano, desconsiderando os custos operacionais e considerando apenas o imposto de renda, ao fim de vinte anos teríamos o valor líquido de 156.950,62 reais.

Agora, se aportássemos numa debênture incentivada que estivesse rendendo IPCA + 4,9% ao ano, à primeira vista, olhando pela taxa, pode parecer que o Tesouro IPCA renderia mais.

Mas, na realidade, isso não aconteceria: a debênture, ao final de vinte anos, retornaria o valor líquido de 174.796,24 reais.

Vale a pena frisar que das aplicações de crédito privado, as debêntures são os investimentos que mais exigem conhecimento do investidor. Por isso, é fundamental olhar o prospecto de emissão das debêntures, que contém todas as informações necessárias para o investidor entender para que tipo de empresa ele pretende emprestar dinheiro e para o que essa empresa pretende usar o dinheiro.

O prospecto tem uma cara deste tipo:

Prospecto Definitivo da Oferta Pública de Distribuição de Debêntures Simples, Não Conversíveis em Ações, da Espécie Quirografária, em Duas Séries, da Segunda Emissão da

BrasilPharma

BRASIL PHARMA S.A.
Companhia Aberta de Capital Autorizado – Registro CVM nº 22500
CNPJ/MF nº 11.395.624/0001-71 - NIRE 35.300.374.797
Avenida Presidente Juscelino Kubitschek, nº 1.830, Torre 4, 3º andar, Itaim Bibi, São Paulo, SP, Brasil

No montante de

R$287.690.000,00

(duzentos e oitenta e sete milhões e seiscentos e noventa mil reais)

Classificação de Risco (*Rating*) Fitch Ratings: "AA-"

Código ISIN das Debêntures da Primeira Série: BRBPHADBS024

Código ISIN das Debêntures da Segunda Série: BRBPHADBS032

A Brasil Pharma S.A. ("Companhia" ou "Emissora") está realizando uma oferta pública de distribuição de 28.769 (vinte e oito mil e setecentas e sessenta e nove) debêntures nominativas, escriturais, não conversíveis em ações, da espécie quirografária, em duas séries, da segunda emissão da Emissora, com valor nominal unitário de R$10.000,00 (dez mil reais), perfazendo o montante total de R$287.690.000,00 (duzentos e oitenta e sete milhões e seiscentos e noventa mil reais), na data de emissão, qual seja 15 de setembro de 2013 ("Debêntures", "Emissão" e "Data de Emissão", respectivamente), sob coordenação do Banco Citibank S.A. ("Coordenador Líder"), do Banco BTG Pactual S.A. ("BTG Pactual"), do Banco Santander (Brasil) S.A. ("Santander" e, em conjunto com o Coordenador Líder e com o BTG Pactual, "Coordenadores") nos termos da Instrução da Comissão de Valores Mobiliários ("CVM") nº 400, de 29 de dezembro de 2003, conforme alterada ("Instrução CVM 400"), da Instrução da CVM nº 471, de 8 de agosto de 2008, conforme alterada ("Instrução CVM 471"), do Convênio CVM/ANBIMA de Procedimento Simplificado para o Registro de Ofertas Públicas, regulado pela Instrução CVM 471, celebrado entre a CVM e a Associação Brasileira das Entidades dos Mercados Financeiro e de Capitais ("ANBIMA") em 20 de agosto de 2008, conforme alterado ("Convênio CVM/ANBIMA"), e das demais disposições legais, regulamentares e autorregulatórias aplicáveis ("Oferta").

Foi adotado procedimento de coleta de intenções de investimento, organizado pelos Coordenadores, nos termos do artigo 23, parágrafos 1º e 2º, e do artigo 44 da Instrução CVM 400, sem recebimento de reservas, sem lotes mínimos ou máximos, para a definição, em comum acordo entre a Companhia e os Coordenadores, da Remuneração das Debêntures da Primeira Série, da Remuneração das Debêntures da Segunda Série (conforme definidas neste Prospecto), bem como do número de séries e da quantidade de Debêntures efetivamente emitidas em cada série, observado que a alocação das Debêntures entre as séries ocorreu no Sistema de Vasos Comunicantes (conforme definido neste Prospecto), conforme previsto na seção "Informações Relativas à Oferta – Características das Debêntures – Aumento da Oferta" deste Prospecto ("Procedimento de *Bookbuilding*").

Nos termos do parágrafo 2º do artigo 14 da Instrução CVM 400, a quantidade de Debêntures inicialmente ofertada (sem considerar as Debêntures do Lote Suplementar), foi aumentada em 3.769 (três mil e setecentas e sessenta e nove) Debêntures, equivalentes a 15,076% (quinze inteiros e setenta e seis milésimos por cento) em relação à quantidade inicialmente ofertada, sem considerar as Debêntures do Lote Suplementar sendo 3.058 (três mil e cinquenta e oito) Debêntures na Primeira Série e 711 (setecentas e onze) Debêntures na Segunda Série ("Debêntures Adicionais") que foram emitidas, a critério da Emissora, na data de conclusão do Procedimento de *Bookbuilding*. Nos termos do artigo 24 da Instrução CVM 400, a quantidade de Debêntures inicialmente ofertada (sem considerar as Debêntures Adicionais) poderia ter sido, mas não foi, acrescida em até 15% (quinze por cento), ou seja, em até 3.750 (três mil, setecentos e cinquenta) Debêntures ("Debêntures do Lote Suplementar"), destinadas a atender o excesso de demanda constatado no decorrer do Procedimento de *Bookbuilding*, que somente poderia ser, mas não foi exercida pelos Coordenadores, em comum acordo com a Emissora, na data de conclusão do Procedimento de *Bookbuilding*. As Debêntures Adicionais terão as mesmas características das Debêntures originalmente ofertadas.

As Debêntures serão registradas para distribuição pública no mercado primário e negociação no mercado secundário, respectivamente: (i) por meio do MDA – Módulo de Distribuição de Ativos ("MDA") e do CETIP21 – Títulos e Valores Mobiliários ("CETIP21"), ambos administrados e operacionalizados pela CETIP S.A. – Mercados Organizados ("CETIP"), sendo a distribuição e a negociação liquidadas e as Debêntures custodiadas financeiramente na CETIP; e/ou (ii) por meio do DDA – Sistema de Distribuição de Ativos ("DDA") e do Sistema BovespaFix ("BOVESPAFIX"), respectivamente, ambos administrados e operacionalizados pela BM&FBovespa S.A. – Bolsa de Valores, Mercadorias e Futuros ("BM&FBOVESPA"), sendo a custódia e a liquidação financeira da Oferta e a negociação das Debêntures processadas na BM&FBOVESPA.

Imagem referente ao processo de emissão de uma debênture da BrasilPharma.

CERTIFICADO DE DEPÓSITO BANCÁRIO (CDB)

Basicamente, no CDB você empresta dinheiro para uma instituição bancária, que usará esse dinheiro para financiar suas atividades e, em troca, vai remunerar você com juros. É uma lógica similar à de outros investimentos apresentados neste livro.

É uma aplicação simples. Diferente do Tesouro Direto, em que os títulos, apesar de terem vencimento, podem ser resgatados a qualquer momento, os CDBs podem ter liquidez diária (permitindo o resgate rápido) ou baixa liquidez (o que possibilita o resgate do investimento apenas na data de vencimento).

A minha dica aqui é procurar pela chamada "data de carência", que indica até quando o investimento deve ser mantido pelo investidor. Para os CDBs que tiverem a data de carência igual à de vencimento, deixe seu dinheiro "preso" no CDB até o vencimento. Caso as datas sejam diferentes, é possível para o investidor resgatar seu dinheiro antes da data do vencimento chegar.

Seguindo uma lógica um pouco parecida com a do Tesouro, os CDBs podem ser indexados no IPCA e terem taxas prefixadas. Mas, diferente do Tesouro, no qual há possibilidade de seguir a taxa de juros, os CDBs pós-fixados são indexados a um indicador que chamamos de Certificado de Depósito Interbancário (CDI). Vale dizer que, apesar da Selic e do CDI serem indicadores diferentes, ambos possuem uma proximidade muito grande. Geralmente, quando a Selic cai, o CDI cai na mesma proporção, ou de uma forma parecida.

No caso dos CDBs ligados ao CDI, o primeiro ponto é verificar se a sua taxa de rendimento é maior ou igual a, pelo menos, 100% do CDI. Em caso negativo, você pode estar dando de cara com um CDB não muito bom.

Há algo muito importante para entender antes de escolher um CDB, que é o triângulo dos investimentos, composto por: risco, rentabilidade e liquidez. Ou seja, é o Triângulo de Nigro!

Isso porque CDBs de menor rentabilidade tendem a fornecer riscos menores e/ou liquidez mais alta para o investidor. Ou seja, há possibilidade de retirar rapidamente o seu dinheiro. Um bom exemplo são os CDBs de liquidez diária, que podem ter rentabilidade de, por exemplo, 99% do CDI (sendo uma exceção à regra dos 100%), mas que, em troca, permitem ao investidor um resgate até melhor do que o fornecido pelo Tesouro Direto. Enquanto no Tesouro o investidor leva um dia útil para obter o resgate, com os CDBs o valor pode cair na conta do investidor no mesmo dia em que é pedido. Esta tabela indica as características do CDB de liquidez diária fornecido pelo Banco Inter, atrelado ao CDI:

Valor investido	% do CDI
R$ 100.000,00 a R$ 249.999,99	100%
R$ 250.000,00 a R$ 499.999,99	100,5%
R$ 500.000,00 a R$ 749.999,99	101%
R$ 750.000,00 a R$ 999.999,99	101,5%
Acima de R$ 1 milhão	102%

* Taxas sujeitas a alteração.

FONTE: B3.

Quando falamos de CDBs de bancos de risco considerável, ou que permitem o resgate apenas no vencimento, tendemos a ver CDBs com taxas de rendimento maiores. Mas essas taxas, obviamente, precisam representar a realidade. E aqui, serve o mesmo mecanismo que utilizamos nas debêntures: os *ratings*. Assim como para a renda fixa, as agências de risco desempenham um papel importante de classificar o risco das empresas, e essa classificação deve ser usada como um indicativo importante para a tomada de decisão do investidor, mesmo que o CDB seja garantido pelo FGC.

Devemos entender que o CDB serve como uma alternativa interessante, em vários casos, para o Tesouro. Além das opções oferecidas para o investidor escolher livremente – há vários CDBs com taxas e características diferentes – e também deve ser levado em consideração o fato de não incidir no CDB a taxa de administração, de 0,3%, que recai nos títulos do Tesouro. Em investimentos de pouco valor aplicado, essa taxa pode até não parecer tão importante, mas, se estivermos falando de um investimento de, por exemplo, 1 milhão de reais, ou de um investimento de longo prazo, essa taxa se mostra relevante.

Exemplificando, se investirmos 100 mil reais em um título do Tesouro que paga 7% ao ano e em um CDB de mesma rentabilidade e deixarmos ambos os investimentos correndo durante vinte anos, teremos um custo de 12.255 reais que não irá existir no CDB, apenas no Tesouro, devido à taxa de 0,3%. Isso prejudica, e muito, a perspectiva de longo prazo, principalmente se considerarmos que a taxa de 0,3% ao ano não incide sobre os rendimentos, mas sobre o montante investido.

Mas vale a ressalva: apesar de a taxa de 0,3% ser um problema, não é indicado que se invista em CDBs pensando no longo prazo como alternativa ao Tesouro. Isso porque não há CDBs hoje no mercado que cheguem a dez, vinte, 25 anos de investimento, como o Tesouro. Portanto, um investimento de longo prazo nessa modalidade significa pagar um imposto de renda alto. Explico com outro exemplo:

Imaginemos que vamos investir 30 mil reais em 2018 para resgatar em 2045. Temos duas opções:

CDB três anos – IPCA + 5,2% a.a.

Tesouro IPCA 2045 – IPCA + 5,08% a.a.

Se fôssemos levar em consideração apenas a taxa para escolher o investimento, escolheríamos o CDB, pois ele tem uma taxa maior, certo?

Errado. Essa lógica nos induziria ao erro, pois:

CDB

- Rendimento bruto no período (27 anos – até 2045): 196.234,65 reais
- Rendimento líquido no período: 190.016,57 reais

Tesouro

- Rendimento bruto no período: 247.596,78 reais
- Rendimento líquido no período (descontados IR + taxa Tesouro): 195.899,85 reais

Isso acontece porque, no caso do Tesouro, o imposto de renda só será pago ao fim da aplicação, em 2045. No CDB, a cada três anos o imposto de renda teria de ser pago, já que o CDB alcançaria a sua data de vencimento. Em outras palavras, enquanto no Tesouro o imposto de renda seria pago uma única vez, no CDB ele seria pago, ao todo, nove vezes até 2045. Como você pode ver, isso prejudica a sua rentabilidade.

Por isso, a melhor forma de investir no CDB é fazer a aplicação pensando em objetivos. Se você precisa fazer uma reserva de emergência, há a alternativa dos CDBs de liquidez diária. Agora, caso você tenha pronta sua reserva de emergência, os CDBs fazem muito sentido para os objetivos de médio prazo, nos quais já se sabe, mais ou menos, a data em que você vai precisar do dinheiro. Viagens marcadas para fim do ano, casamento, compra da casa própria. Todos esses objetivos podem fazer um CDB valer a pena para você, basta escolher um que te agrade e que se encaixe na data desejada – e mãos à obra.

LCI/LCAs

Como apresentado anteriormente, as LCAs e LCIs podem ser muito interessantes em um investimento de prazo médio, pois são isentas de IR.

FUNDO MULTIMERCADO

Os fundos de investimento, hoje, nos permitem estratégias variadas, seja com ativos em renda fixa, ações, entre outros. A melhor parte é que você não precisa se preocupar se tem dinheiro o bastante para aplicar em todos os ativos investidos, basta atingir a cota mínima de entrada no fundo para poder participar de uma série de investimentos interessantes. Isso porque, quando você aplica em um fundo de investimento, ele reúne recursos de uma série de investidores para realizar aplicações e depois distribui os lucros entre seus cotistas igualmente. Isso pode parecer insignificante, mas é o grande diferencial de se colocar dinheiro nos fundos.

Com o conceito de cotas, deixa de ser relevante o ativo no qual dinheiro foi aplicado, mas sim a quantidade de cotas que se tem. Agora o investidor, apenas aplicando seu dinheiro, consegue diversificar sua carteira, pois suas cotas dependem do desempenho do fundo como um todo. E ele não precisa se preocupar em como aplicar o dinheiro, há uma equipe que trabalha por ele para melhorar o desempenho do fundo.

Imagino, então, que agora você deve estar se perguntando: "Legal, mas como escolher um bom fundo de investimento? Como saber se ele é bom?".

O que você deve fazer primeiro é traçar um objetivo. Muitas pessoas se preocupam apenas com a rentabilidade e acabam cometendo erros bobos, que podem prejudicá-las no futuro.

Por exemplo, se o objetivo do investidor for criar seu fundo de emergência, não faz sentido algum procurar investir em um fundo de ações, que, além de possuir riscos e oscilações maiores que outros tipos de fundo, costuma ter uma liquidez muito menor, o que pode comprometer o objetivo para o qual foi investido. O fundo deixa de ser um de emergência se você não pode contar com o dinheiro em caso de imprevistos.

Por isso, o primeiro passo é definir o objetivo: se é fundo de emergência, um fundo de renda fixa/multimercado com alta liquidez é ideal. Caso a procura por maiores rentabilidades, mesmo que representem riscos altos, seja o objetivo, o fundo de ações é interessante. Caso não queira tanto risco, mas ainda procure um rendimento acima do estipulado em renda fixa, um fundo multimercado pode servir.

Enfim, determinado o objetivo, agora o próximo passo é saber como identificar se as taxas valem a pena ou não.

As principais taxas a que se deve ficar atento são:

1. Taxa de rendimento (médio);
2. Taxa de administração;
3. Taxa de performance;
4. Taxa de carregamento.

Para o rendimento, é sempre bom ter em mente que ele não é tão bom se for abaixo do CDI. Para as taxas de administração, valores acima de 1% para renda fixa e acima de 2% para multimercado/ações são questionáveis. Valeriam a pena caso o rendimento fosse muito bom se comparado a outros fundos, pois muitos fundos de qualidade hoje trabalham nesse limite.

Para taxa de performance, cobrada em fundos com maiores riscos (multimercado/ações), existe uma taxa de 20% padrão de mercado, mas tome cuidado com taxas adicionais. Pode compensar, mas depende do retorno que o fundo oferece.

A taxa de carregamento é difícil de ser vista em fundos competitivos. Por isso, se encontrar uma em seu caminho, é bom analisar bem esse fundo antes de escolhê-lo. Pesquise opções semelhantes, do mesmo segmento.

Por fim, é claro, fique atento ao saldo mínimo e de movimentações do fundo. Muitos investidores não dão atenção a essa parte, mas ela é importantíssima. Do que adianta, por exemplo, você ter disponibilidade para investir apenas 1 mil reais por mês e escolher um fundo que só deixará você adicionar no mínimo 10 mil reais?

Lembre-se: você precisa escolher um fundo que seja acessível. Atento a todos esses detalhes, é só botar as mãos na massa e investir!

Existem algumas figuras nos fundos de investimentos que você precisa conhecer:

1 Administrador do fundo: gerencia todas as partes envolvidas.
2 Gestor: é quem escolhe o lugar em que seus títulos serão aplicados e qual será a estratégia utilizada.
3 Custodiante: quem faz a guarda dos ativos e dá segurança para tudo.
4 Auditor: garante que tudo está sendo feito conforme manda o regulamento do fundo.
5 Distribuidor: faz o fundo chegar até você.
6 Cotista: você mesmo!

Além disso, nos fundos multimercado, temos alguns pontos de atenção importantes:

1 Esse tipo de fundo investe em mercados diferentes e, em teoria, aproveita momentos diferentes.
2 Existe uma dificuldade de achar um fundo realmente bom. Muitos fundos multimercado apenas servem como justificativa para se cobrar taxa de performance do investidor. Por exemplo, há casos em que o fundo multimercado apresenta uma carteira muito conservadora, assim como um fundo de renda fixa, mas, pelo fato de ser fundo multimercado, recai sobre ele uma taxa de performance do investidor (algo que não se encontra nos fundos de renda fixa).
3 Geralmente os melhores fundos são fechados, limitados ao investidor.
4 Quando o fundo fica grande, você perde oportunidades. Os cotistas pressionam negativamente os preços em momentos de oscilação de mercado, pois a massa é "emocional". O efeito manada nos fundos tende a tirá-los do mapa, já que fundos com resultados negativos acabam tendo resgates em massa. Por conta disso, vários fundos não conseguem aproveitar a oportunidade causada pelo momento de baixa.

CRIPTOMOEDAS

Para entender o que são criptomoedas, primeiro precisamos definir o que significa ser uma moeda digital. No fim, a ideia de moeda digital não é tão difícil de entender: é uma moeda, assim como o real e o dólar, porém sem unidade física. É como se fosse uma *commodity* do mundo digital.

O que talvez seja mais difícil de entender, na realidade, é a tecnologia por trás das criptomoedas/moedas digitais, chamada de *blockchain*, permitindo que a criptomoeda funcione de forma descentralizada e haja segurança nas transações.

Ele é como se fosse um livro-razão, no qual são registradas todas as transações feitas com criptomoedas. É muito importante salientar, porém, que existem *blockchains* diferentes entre as criptomoedas. Por exemplo, o *blockchain* do bitcoin é diferente do *blockchain* da Ethereum. O que importa, porém, é que o conceito é bem semelhante.

No caso do *blockchain* do bitcoin, por exemplo, existe o que chamamos de Proof of Work (PoW). O PoW faz uma ligação entre todas as transações registradas no *blockchain*, e desta forma qualquer um que tente falsificar uma transação tem que falsificar não só a transação desejada, mas todas as outras anteriores dentro do *blockchain*. Isso, dentro da tecnologia existente, é quase impossível de ser feito, o que torna todo o funcionamento de *blockchain* muito seguro, até mais do que os sistemas bancários convencionais.

Inclusive, é justamente por ser melhor do que os sistemas bancários de hoje que, além dos bancos estarem estudando formas de implementar o *blockchain* em seus sistemas, existe uma moeda específica para o setor bancário: a Ripple. A Ripple é uma moeda criada para facilitar remessas de dinheiro. Segundo o próprio site da Ripple, empresas como Santander, RBC e American Express a utilizam. Outro ponto interessante é que o Banco Central do Brasil começou a estudar e a desenvolver projetos com *blockchain*.

Talvez isso esteja ainda um pouco confuso para você, mas, para entender melhor o funcionamento do *blockchain*, precisamos falar do papel dos mineradores.

Os mineradores são responsáveis por registrar as transações no *blockchain*. Ao fazerem isso, é possível ver a transação concluída e registrada no sistema. Eles, por sua vez, conseguem bitcoins (no caso do *blockchain* do bitcoin) como retorno pelo trabalho.

Porém, aqui tem um problema: como o número recebido pelos mineradores diminui pela metade a cada quatro anos, existe uma taxa que pode ser paga para os mineradores para que eles registrem sua transação mais rapidamente. Ela não é obrigatória, mas regida pela lei de oferta e demanda. Como o mercado de bitcoin cresceu bastante, e o número de pessoas transacionando a moeda também aumentou, os mineradores podem escolher quais transações querem registrar, e as que eles não querem.

Se você opta por não adicionar a taxa, corre o risco da sua transação demorar dias para ser registrada (ou até mesmo nunca ser registrada, de fato). Para facilitar esse trabalho, existem as corretoras de criptomoedas, que cobram uma taxa adicional pelo serviço.

Apesar de toda a segurança envolvida no sistema, guardar bitcoins/criptomoedas exige cuidados adicionais. Por exemplo, não se deve guardar criptomoedas nas corretoras: os hackers não conseguem invadir o *blockchain* facilmente, mas isso não é aplicável para os sistemas de uma corretora.

Justamente por isso é recomendável guardar suas criptomoedas nas chamadas *wallets*/carteiras. Existem versões online, mais práticas, e físicas, mais seguras.

Criptomoedas que rendem 1.000.000%

Primeiro, preciso deixar claro uma coisa: não é possível investir em criptomoedas, mas apenas especular.

Isso porque, assim como o dólar, o real ou qualquer outra moeda, as criptomoedas não rendem juros nem nada do tipo. Nós só ganhamos dinheiro com as criptomoedas quando especulamos o preço delas no mercado.

Entendendo isso, podemos seguir para o passo seguinte e falar de um acontecimento interessante no mercado de criptomoedas: o que aconteceu com o bitcoin no final de 2017?

Na minha opinião, a valorização crescente que aconteceu com o bitcoin no final de 2017 e sua posterior queda foi um fenômeno que só aconteceu por causa de um efeito manada. Vamos aos fatos.

No começo da valorização, tivemos notícias favoráveis – empresas começaram a aceitar bitcoin, países anunciaram que estavam estudando a ideia, entre outras notícias positivas. A demanda aumentou por consequência, o mercado só falava em bitcoin e nos retornos estratosféricos. O preço da moeda subiu muito, e houve o *boom*.

Mas... quando até a mídia mais comum começou a falar sobre criptomoedas, o resultado já era esperado, com uma correção prestes a chegar. A partir de janeiro de 2018, começaram a surgir notícias negativas sobre o tema, principalmente na China. A demanda diminuiu e, consequentemente, o mercado corrigiu suas apostas na moeda, o que fez com que o ativo deixasse de apresentar altas de valor acentuadas.

Isso quer dizer que não vale mais a pena? Pelo contrário. Como possivelmente o efeito manada em grande parte já passou, vale considerar comprar bitcoin, caso o seu desejo seja especular.

E como podemos comprar criptomoedas? Existem duas formas: a P2P e por meio de corretoras.

P2P: Como não envolve os custos com corretora, geralmente é um meio mais barato. O problema é que você precisa confiar inteiramente na contraparte, e o risco de tomar calote é considerável. Basicamente, você paga o valor em reais para o vendedor de bitcoins, e ele, em troca, manda os bitcoins que tem para a sua *wallet*, ou vice-versa.

Corretoras: Apesar de envolverem mais custos, representam uma forma mais segura de negociar bitcoins. O processo é o mesmo de uma corretora de valores. Você cria uma conta com e-mail/senha e, uma vez aprovado, pode utilizar a plataforma da corretora. Porém, diferentemente de como acontece em uma corretora de valores convencional, até pelo fato de o mercado de criptomoedas não ser regulado no Brasil, as corretoras de criptomoedas possuem mais passos de segurança na hora de efetuar uma compra/venda.

Custos: Variam de acordo com cada corretora ou forma de compra. Porém, é importante entender que as corretoras cobram em depósitos/saques, tanto em reais quanto em criptomoedas, e também nas execuções de ordem (ordem de compra e ordem de venda, semelhante à forma como acontece nas corretoras de valores mobiliários). Por isso, geralmente tendem a ser uma opção mais custosa.

Na imagem a seguir temos as top oito criptomoedas, com base no Market Capitalization (capitalização de mercado), do dia 29/06/2018:

Nome	Cap. Mercado	Preço	Volume (24H)	Quant. circulando	Mudança (24H)	Gráfico de preço (7d)
Bitcoin	$106.948.600.224	$6.245,99	$4.005.110.000	17.122.762 BTC	5,41%	
Ethereum	$43.841.153.403	$436,73	$1.571.310.000	100.385.948 ETH	2,79%	
XRP	$17.912.987.548	$0,456241	$314.122.000	39.262.097.329 XRP*	1,43%	
Bitcoin Cash	$12.415.492.437	$721,39	$411.124.000	17.210.548 BCH	8,95%	
EOS	$6.958.618.730	$7,77	$805.559.000	896.149.492 EOS*	3,78%	
Litecoin	$4.572.188.286	$79,94	$316.031.000	57.192.746 LTC	5,49%	
Stellar	$3.486.195.965	$0,185827	$39.264.100	18.760.438.285 XLM*	3,16%	
Cardano	$3.248.454.522	$0,125292	$64.845.300	25.970.070.538 ADA*	4,16%	

Tabela tirada do site coinmarketcap.com.

COMO ACOMPANHAR (E REMANEJAR) SUA CARTEIRA DE INVESTIMENTOS COM UMA HORA POR MÊS

Para fazermos um acompanhamento da nossa carteira de investimentos, principalmente em ações, não há segredo: precisamos criar uma planilha de operações.

Acontece que muitas pessoas fazem essa planilha de uma forma não muito prática, e pior: não é nem por culpa da planilha, e sim por culpa da forma como elas investem.

Isso porque muitos investidores, na tentativa de diversificar seus investimentos, acabam investindo em ações demais. Por causa disso, chega uma hora em que o volume e variedade de ações que possui acabam sendo tão grandes que o investidor tem problemas para tomar decisões rápidas de investimento.

Portanto, para entender como acompanhar sua carteira de investimentos, existe um conceito principal: uma carteira de investimentos deve ser simples. Deve ser composta por poucos ativos, mas ativos que você conheça bem. Dessa forma, tomar uma decisão será um processo rápido e eficaz. Ao mesmo tempo, você não pulveriza o seu capital.

E qual é a melhor forma de fazer uma planilha eficiente?

Dou um exemplo a seguir:

Ação	Quantidade	Cotação de compra (R$)	Cotação atual (R$)	Volume (R$)	Ganho (%)	Por que comprei?
PETR4	3.600	R$ 16,32	R$ 19,89	R$ 71.820,00	21,32%	
ITUB3	1.100	R$ 43,87	R$ 39,39	R$ 43.329,00	-10,22%	
BIDI4	2.164	R$ 18,87	R$ 18,40	R$ 39.817,00	-2,5%	
KNRI11	180	R$ 164,29	R$ 163,50	R$ 29.430,00	-1,08%	
HGLG11	220	R$ 139,50	R$ 133,20	R$ 29.304,00	-4,52%	
SNSL3	1.100	R$ 26,97	R$ 25,99	R$ 28.589,00	-3,64%	
BCFF11	180	R$ 84,38	R$ 80,50	R$ 14.490,00	-4,6%	

Até aí, nada muito fora do normal, certo? Temos todas as informações relevantes para entender o estado da nossa carteira de ações. Porém, fique atento ao campo "Por que comprei?". Isso porque muitos investidores, ao verem prejuízos consideráveis (assim como a ITUB3, na imagem, está indicando), acabam agindo impulsivamente, o que leva a vendas precipitadas e sem necessidade. Por isso, é muito importante também que nós possamos registrar, mais do que somente números, o motivo pelo qual investimos.

ANTIFRAGILIDADE NOS INVESTIMENTOS

Nesta seção vamos revisitar o conceito de antifrágil. Afinal, quando falamos de finanças, a antifragilidade não é apenas aplicável para o risco da ruína: ela também é aplicável para quando vamos falar de risco sistêmico e não sistêmico nos investimentos.

Mas é possível que você ainda não saiba, exatamente, o que são esses tipos de risco. Por isso, primeiro vou explicar a diferença entre os dois.

Risco sistêmico (ou risco sistemático) é, como o próprio nome diz, o risco que envolve o sistema como um todo. Basicamente, é um risco que, como envolve todo o "sistema", não pode ser eliminado. Todas as empresas que estão dentro do "sistema" estão sujeitas a esse risco.

Pense na crise de 2008 como exemplo. Não importa o tipo de ação, desde o setor imobiliário até o setor de serviços, o fim foi o mesmo: todo investidor viu suas ações despencarem junto com todas as Bolsas de Valores norte-americanas (nos EUA, diferentemente do Brasil, há mais de uma Bolsa de Valores). Obviamente, alguns setores da economia sofreram mais do que outros, mas todos foram atingidos.

Por isso, é importante entender que não é possível anular o risco sistêmico. Querendo ou não, estaremos sujeitos a ele.

O risco não sistêmico é diferente. É o risco que, como o nome já diz, não envolve o sistema como um todo. Porém, ele compreende um risco que pode afetar tanto só uma empresa quanto um setor inteiro.

Por exemplo: vamos imaginar que temos 100% do nosso capital investido em uma empresa que subitamente perdeu um cliente que representava 80% das suas vendas.

Sem esse cliente, a empresa terá grandes problemas com as finanças, assim como nós, acionistas, também teremos. Mas o fato de esse problema ter acontecido não vai fazer com que o mesmo aconteça com todas as outras empresas listadas em Bolsa. Logo, o risco de ter problemas com a perda do cliente era não sistêmico, porque envolvia apenas uma empresa.

E é justamente por isso que conseguimos reduz o risco não sistêmico, ao contrário do risco sistêmico. Não é possível anular, mas sim reduzir significativamente.

A forma mais comum de fazer isso é por meio de uma diversificação. Afinal, se no exemplo tivéssemos não 100% do nosso dinheiro nessa empresa, mas apenas 20%, o impacto negativo na nossa carteira de investimentos seria reduzido de maneira relevante.

Lembro, porém, que devemos diversificar, e não pulverizar o nosso dinheiro. Se diversificamos demais, passamos a ter uma carteira muito complexa e com pouca efetividade. Acabamos tendo tantos ativos em carteira que a tomada de decisão, tanto para comprar quanto para vender, acaba se atrasando. Isso nos prejudica bastante. Por isso, recomendo que uma boa carteira de investimentos tenha no máximo dez ativos. Assim, cada um representaria 10% da carteira, e o risco estaria muito bem diversificado.

Talvez você tenha sentido falta de tratar da antifragilidade, e é aqui que ela entra. Mais do que suportar a volatilidade, a antifragilidade pressupõe lidar com a volatilidade e se tornar mais forte com ela. Temos que reduzir o risco não sistêmico não somente para "aguentar o tranco", mas para nos aproveitarmos dele também.

Podemos seguir nessa direção fazendo uma diversificação em que, por exemplo, há correlação negativa entre dois ativos. Peguemos um exemplo: o Ibovespa e o dólar. Sempre que o Ibovespa sobe, é normal vermos uma queda no dólar, e o contrário é verdadeiro também. Por isso, quando temos os dois em carteira, se há volatilidade negativa em um compensamos com a presença do outro.

Outra ferramenta boa para isso são as opções. Não entrarei em muitos detalhes, mas basicamente uma opção é o direito de compra ou de venda de um determinado ativo no futuro por um preço predeterminado. Exemplificando, pode haver no mercado uma opção de ação da Petrobras que dê ao investidor o direito de vender ações da estatal daqui a um ano por vinte reais, sendo vinte reais o preço da ação hoje. Se daqui a um ano o preço da ação abaixar para dez reais, você está em ótima posição, já que tem uma opção que lhe dá o direito de vender essas ações não por dez, mas por vinte reais. Logo, você aproveitou da volatilidade do ativo para fazer um ótimo negócio!

Só é importante lembrar duas coisas:

1 Para se ter esse direito, precisamos pagar um valor a mais por ele, o que chamamos de "prêmio".
2 Assim como pode dar certo, a opção também pode dar errado. O legal, nessa parte, é que o detentor do direito tem a opção de exercer ou não o direito que ele comprou.

Porém, como você deve ter percebido, as opções são ótimas ferramentas para reduzir o risco sistêmico, já que elas permitem que você se aproveite da volatilidade em um momento futuro. Se você fizer isso e diversificar bem (e não demais), o risco não sistêmico não será um problema.

PREVIDÊNCIA PRIVADA

Previdência Privada é um tipo de investimento demonizado no Brasil, devido aos bancos, mas que, na realidade, pode ser uma ótima alternativa para o investidor.

Para eu conseguir elucidar isso, entrarei no detalhe em sete características específicas da Previdência, que te ajudarão não somente a entender como ela funciona, mas também a diferenciar uma Previdência boa de uma ruim.

PLANO GERADOR DE BENEFÍCIO LIVRE (PGBL) *VERSUS* VIDA GARANTIDOR DE BENEFÍCIO LIVRE (VGBL)

O PGBL é um tipo de Previdência mais indicado para aqueles que já fazem a declaração de Imposto de Renda Pessoa Física (IRPF) pelo modelo completo, pois com ele poderá ser feita a dedução de até 12% de sua base tributável. Assim, é só calcular o valor de sua renda bruta anual, aplicar 12% e você terá o valor ideal que deve ser aplicado para que, além de contribuir com sua aposentadoria, possa pagar menos imposto no curto prazo.

O VGBL, por outro lado, não permite que seja feito tal abatimento, porém, é mais indicado para quem pensa no longo prazo, já que ao final do plano existe a necessidade de pagamento de IRPF somente sobre os valores auferidos, diferentemente do PGBL, que paga o imposto sobre o montante total investido.

TABELA PROGRESSIVA X REGRESSIVA

A melhor opção para o longo prazo costuma ser a tabela regressiva, pois, com o passar dos anos, diminui sua alíquota de imposto de renda. Se você fosse resgatar sua Previdência um dia após tê-la feito, você pagaria 35% de imposto nessa opção. Porém, a cada dois anos você diminui sua alíquota em 5%, chegando aos incríveis 10% de imposto depois de dez anos.

Na tabela progressiva, ela será somada com sua base de cálculo e entrará na mesma tabela de imposto do IRPF, chegando até 27,5% se o montante resgatado for muito grande. Se o seu objetivo é investir no longo prazo, provavelmente vai ter um belo montante aplicado. A tabela regressiva pode te ajudar a pagar menos imposto se o objetivo for alcançado.

TAXA DE ADMINISTRAÇÃO

Parece óbvio, mas nem todos sabem. A taxa de administração é a remuneração paga pelo investidor na prestação dos serviços de gestão e administração do fundo de investimentos em questão. É uma taxa medida ao ano sobre seu patrimônio total. Imagine que você tem 1 milhão de reais investidos em um fundo que cobra 2% de administração. Todos os anos, você terá um custo mínimo de 20 mil reais. Por isso é tão importante brigar por baixas taxas de administração!

TAXA DE CARREGAMENTO

Em teoria, é um percentual que incide sobre todas as contribuições pagas em uma Previdência e tem como objetivo atender despesas administrativas e a colocação do plano. Na minha opinião, é uma besteira, afinal de contas, a taxa de administração remunera todas as partes necessárias. Sendo assim, todos os planos bons têm taxa de carregamento de 0%. Se você paga essa taxa, saiba que é por falta de informação, pois existem muitas opções com essas condições disponíveis no mercado e com valores extremamente baixos.

Se você aportar quinhentos reais por mês em um plano de Previdência e tiver uma taxa de carregamento de 5%, significa que você vai deixar 25 reais na mão do banco, e 475 reais investidos no seu fundo. Significa que você já entra no plano perdendo mais de cinco meses de rentabilidade! Quanto menor, melhor.

TAXA DE RENTABILIDADE

Aqui parece fácil, né? Porém é bem provável que você faça a conta errada. Se por acaso você diz que seu investimento rendeu "10% no ano" ou "0,8% ao mês", saiba que não é bem assim na prática de mercado. Nos investimentos, sempre temos que ter uma referência, que vai funcionar como nossa base comparativa. Já fizemos contas com a taxa Selic e CDI, mas vale relembrar.

Se a Selic render 10% ao ano, imagine que o CDI vai estar muito próximo disso, em torno de 9,9% ao ano. Agora que temos nossa taxa de referência, podemos dizer que, se o seu fundo rendeu 9,9% no ano, ele rendeu 100% do CDI! Aqui, quanto maior melhor.

Aliás, você tem uma noção da diferença de rentabilidade que 0,1% ao mês pode causar no longo prazo?

- 100 mil reais investidos por trinta anos a 0,8% = 1.761.130,58 reais.
- 100 mil reais investidos por trinta anos a 0,9% = 2.516.632,75 reais.

Por isso, não menospreze esses 0,1% ao mês!

TAXA DE EXCEDENTE FINANCEIRO

A Previdência deve ser olhada como uma aplicação que oferece a possibilidade de converter o patrimônio do investidor em complemento de renda. Sendo assim, imagine um cenário hipotético em que você possui 600 mil reais e converte esse patrimônio em renda vitalícia. Se você fizer isso, poderá ter, em nosso exemplo, uma renda de 3.500 reais durante toda a vida.

O banco pode trabalhar com seus recursos, pois agora ele é o responsável por lhe pagar esse "salário", e por isso acaba gerenciando também esses 600 mil reais, que agora são patrimônio dele. O objetivo do banco é rentabilizar esses 600 mil reais da melhor forma possível.

Se ele conseguir que esses 600 mil reais rendam 6 mil reais por mês, como ele te paga 3.500 reais, gerou um excedente financeiro de 2.500 reais, certo? Se você possuir uma taxa de 0%, ele não te repassará nada. Caso tenha uma taxa de 50%, você vai receber 1.250 reais além dos 3.500 reais que recebe. Assim, você agora receberá 4.750 reais.

TAXA DE JUROS NA CONVERSÃO

Mais uma vez, apenas se você optar por converter o seu patrimônio investido na Previdência em renda, um dos números utilizados no cálculo da renda que você receberá vai ser a taxa de juros disponível na data de sua aposentadoria. Imagine que, quando você quiser converter em renda, se a taxa de juros no momento estiver em 6%, vai receber muito mais do que se a taxa estivesse em 2%.

Isso porque a seguradora vai levar em consideração a rentabilidade disponível no momento do mercado, pois ela vai ser a detentora do seu patrimônio, e vai trocar com você salário pelo valor investido. Porém, é possível que você tenha acordado uma taxa de juros na conversão, provavelmente de 0%. Ela não vai te dar nenhum bônus... No entanto, você poderia ter negociado uma taxa de 3%. Nesse caso, é como se você adicionasse 3% de juros a mais sobre seu patrimônio total, por ano, em uma eventual transformação de renda.

Se você converter 1 milhão em renda, receberia 30 mil reais a mais por ano, até o final da sua vida, parcelados ao longo dos meses. Bom, né?

TÁBUA ATUARIAL

Aqui está, possivelmente, o principal motivo de você precisar abrir uma Previdência, independentemente do valor que vai aportar nela, quando se é novo ou se faz isso para alguém ainda muito jovem. Sempre que você abre um plano de Previdência, de forma automática adere a uma tábua atuarial que estima qual vai ser a sua data de falecimento.

Imagine então que você tem uma data de falecimento prevista para setenta anos (foque apenas no conceito, não no número), e você está com 65 anos. Se você quiser transformar seu patrimônio em renda, a seguradora vai fazer um cálculo levando em consideração os estimados cinco anos de vida e vai lhe pagar um valor. Se a sua data de falecimento prevista fosse aos noventa anos, a Previdência iria pensar: "Caramba... ele vai viver mais 25 anos!" E, então, pagaria um valor bem menor do que o primeiro exemplo, certo?

O bom é que a tábua atuarial é contratada na hora que você abre um plano de Previdência, e ela não pode ser mudada. Por isso, incentivo muitos pais preocupados com o futuro de seus filhos ou até investidores pensando no futuro que abram um plano de Previdência, muitas vezes só por abrir. Lá na frente, como a seguradora não pode expulsá-lo do plano, você pode fazer uma simulação e, se lhe agradar, pode transferir alguns milhões para o plano e transformá-lo em um benefício para você.

PODER DE ESCOLHA

O pilar "Investir melhor" foi sobre escolhas e aprender a analisar melhor todo o leque de investimentos que o mercado apresenta. Como foi pontuado ao longo destas páginas, tomar decisões sobre o que fazer com o dinheiro é algo muito pessoal e pode variar tremendamente, conforme o propósito e o prazo que se tem.

Lembre-se que às vezes erramos, mas o importante é se manter focado no resultado final. Eu também errei quando muito jovem e perdi de cara o único dinheiro que meu pai havia me dado ao cair de cabeça na renda variável, sem o planejamento adequado. Mas não sou mais aquele garoto de dezessete anos que tomava decisões sem fundamentos, nem você continua o mesmo após ter chegado até aqui na leitura. Que tal, agora, partir para ganhar mais e potencializar ainda mais os seus investimentos futuros?

REFERÊNCIAS

Aaker, D. (1998). *Marcas, Brand equity: Gerenciando o Valor da Marca*. São Paulo: Elsevier.

Afonso, J. R. R. (Maio de 2017). *Fomento da Poupança Previdenciária*. Fonte: FGV/IBRE: http://slideplayer.com.br/slide/12072556/

__________ (23 de abril de 2018). *Portal IBRE/FGV*. Fonte: http://portalibre.fgv.br/lumis/portal/file/fileDownload.jsp?fileId=8A7C82C5593FD36B015BF80D3AC65EFC

B3. (28 de março de 2018). Fonte: http://www.bmfbovespa.com.br/pt_br/servicos/market-data/consultas/historico-pessoas-fisicas/

__. (28 de março de 2018). *B3*. Fonte: http://www.bmfbovespa.com.br/pt_br/servicos/market-data/cotacoes/

Banco Central. (02 de abril de 2018). Fonte: https://www3.bcb.gov.br/sgspub/localizarseries/localizarSeries.do?method=prepararTelaLocalizarSeries

__________. (28 de junho de 2018). Fonte: https://www.bcb.gov.br/htms/novaPaginaSPB/compulsorios.asp

__________. (28 de junho de 2018). Fonte: https://www.bcb.gov.br/htms/novaPaginaSPB/compulsorios.asp

__________. (04 de maio de 2018). *Calculadora do Cidadão*. Fonte: https://www.bcb.gov.br/calculadora/calculadoracidadao.asp

Banco Mundial. (02 de abril de 2018). Fonte: https://data.worldbank.org/indicator/FR.INR.LNDP?view=map

Barsi, L. (2017). O Código da Riqueza. (www.ocodigodariqueza.com.br, Entrevistador)

Bazin, D. (2017). *Faça Fortuna com Ações*. São Paulo: CLA.

Buffett, W. E. (2007). Os superinvestidores de Graham-and-Doddsville. Em B. Graham, *O investidor inteligente* (pp. 581-605). Rio de Janeiro: HarperCollins Brasil.

Buy Bitcoin Worldwide. (28 de março de 2018). Fonte: https://www.buybitcoinworldwide.com/pt-br/preco/da Silva.

J. X., Barbedo, C. H., & Araújo, G. S. (Abril de 2015). Há efeito manada em ações com alta liquidez do mercado brasileiro? *Trabalhos para Discussão – Banco Central do Brasil*.

Esperandei, S., Viera, M. C., & Reis, A. C. (Novembro de 2016). Adherence to physical activity in an unsupervised setting: Explanatory variables for high attrition rates among fitness center members. *Journal of Science and Medicine in Sport*, pp. 916-920.

FGC. (28 de junho de 2018). Fonte: https://www.fgc.org.br/garantia-fgc/sobre-a-garantia-fgc

FipeZap. (29 de março de 2018). Fonte: http://www.fipe.org.br/pt-br/indices/fipezap/

Folha de S.Paulo. (11 de fevereiro de 2018). Financiamento de veículos vira plano de fidelização. São Paulo. Fonte: https://www1.folha.uol.com.br/sobretudo/rodas/2018/02/1956214-financiamento-de-veiculos-vira-plano-de-fidelizacao.shtml

G1. (29 de abril de 2017). 72% das pessoas estão insatisfeitas com o trabalho, aponta pesquisa. São Paulo. Fonte: http://g1.globo.com/concursos-e-emprego/noticia/2015/04/72-das-pessoas-estao-insatisfeitas-com-o-trabalho-aponta-pesquisa.html

Gonzalez, R. H. (março de 2009). Flexibilidade e permanência: a duração dos empregos no Brasil (1992-2006). Brasília: Universidade de Brasília. Fonte: http://repositorio.unb.br/handle/10482/7229

Graham, B. (2007). *O investidor inteligente*. Rio de Janeiro: HarperCollins Brasil.

IBGE. (23 de abril de 2018). Fonte: https://ww2.ibge.gov.br/home/estatistica/indicadores/precos/inpc_ipca/defaultseriesHist.shtm

Inc. (08 de janeiro de 2018). This Is Why Millennials Care so Much About Work-Life Balance. Estados Unidos. Fonte: https://www.inc.com/ryan-jenkins/this-is-what-millennials-value-most-in-a-job-why.html

IRS. (dezembro de 2016). The 400 Individual Income Tax Returns Reporting the Largest Adjusted Gross Incomes Each Year, 1992–2014. Estados Unidos. Fonte: https://www.irs.gov/pub/irs-soi/14intop400.pdf

O Globo. (15 de fevereiro de 2018). Brasil aparece na lanterna em ranking de produtividade. Rio de Janeiro: O Globo. Fonte: http://oglobo.globo.com/busca/click?q=produtividade+fgv&p=2&r=1530913364926&u=https%3A%2F%2Foglobo.globo.com%2Fbrasil%2Festudo-mostra-termometro-da-governabilidade-de-fh-temer-22789570&t=informacional&d=false&f=false&ss=&o=&cat=&key=0f1cf49bde282d11151fc9

O Tempo. (30 de julho de 2017). Mais da metade dos brasileiros está insatisfeita com a carreira. Belo Horizonte. Fonte: https://www.otempo.com.br/capa/economia/mais-da-metade-dos-brasileiros-est%C3%A1-insatisfeita-com-a-carreira-1.1503129

Peters, T. (1997). *The brand called you.* Nova York: *Fast Company.*

Revista Exame. (30 de maio de 2015). Por que cada vez mais empresas adotam o home office. São Paulo. Fonte: https://exame.abril.com.br/revista-exame/mais-trabalho-de-casa/

Social Blade. (03 de abril de 2018). Fonte: https://socialblade.com/youtube/user/thigas

Sperandei, S., Vieira, M. C., & Reis, A. C. (Novembro de 2016). Adherence to physical activity in an unsupervised setting: Explanatory variables for high attrition rates among fitness center members. *Journal of Science and Medicine in Sports*, pp 916-920.

Stefano, S. R. (2008). Liderança e suas relações com a estratégia de gestão de pessoas e o bem-estar organizacional: um estudo comparativo em duas instituições financeiras internacionais. *Citação a Max Weber.* São Paulo: Universidade de São Paulo. Fonte: http://www.teses.usp.br/teses/disponiveis/12/12139/tde-14012009-160756/en.php

Taleb, N. N. (2012). *Antifragile.* Nova York: Random House.

Telefónica. (2014). *Connected Car Industry Report.* Londres. Fonte: https://iot.telefonica.com/system/files_force/telefonica_digital_connected_car_report_english_36.pdf?download=1

Tesouro Direto. (28 de março de 2018). Fonte: http://www.tesouro.gov.br/pt/balanco-e-estatisticas

Tesouro Nacional. (12 de junho de 2018). Fonte: http://www.tesouro.gov.br/tesouro-direto-entenda-cada-titulo-no-detalhe#this

____________. (24 de junho de 2018). Tesouro Nacional. Fonte: http://www.stn.fazenda.gov.br/tesouro-direto-entenda-cada-titulo-no-detalhe

Veja. (10 de setembro de 2014). Salário dos professores brasileiros está entre os piores do mundo. São Paulo. Fonte: https://veja.abril.com.br/blog/impavido-colosso/salario-dos-professores-brasileiros-esta-entre-os-piores-do-mundo/

Vérios. (27 de julho de 2018). *Comparação de Fundos.* Fonte: https://verios.com.br/apps/comparacao/log/1ano/cdi/

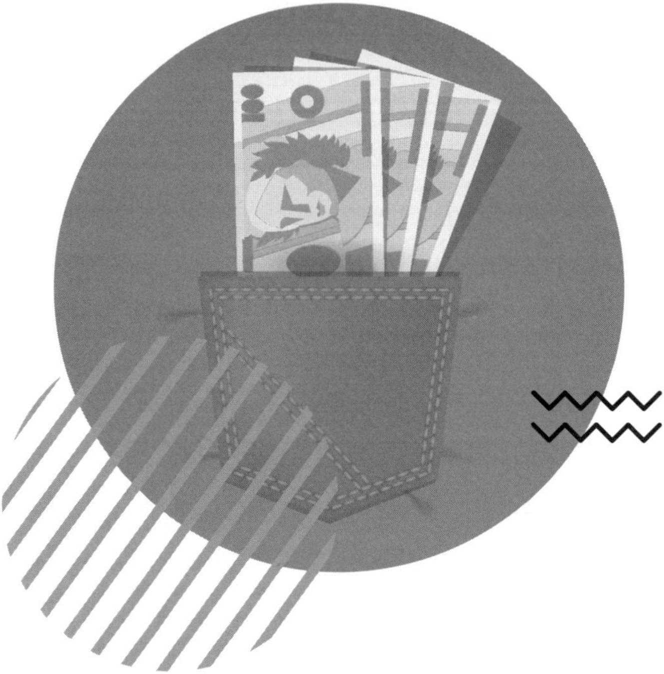

PILAR 3

GANHAR MAIS

Saia da linha de produção

O assalariamento é uma característica central do modo de produção capitalista. Enquanto empresários detêm os meios de produção, podem se apropriar do excedente produzido pelo proletariado que, desprovido dos meios de produção, sobrevive pela venda da sua força de trabalho em troca de um salário.[1]

Compreender sem melindres essa equação é primordial para que fiquem claros quais mecanismos dentro das corporações e dos esquemas de trabalho podem lhe proporcionar chances de receber salários maiores. Ao contrário do que comumente fomos ensinados e repassamos às novas gerações, não é o esforço por si só, aplicado em cada tarefa, que garante um aumento de ordenado. O que assegura isso são os resultados financeiros que o trabalhador gera para quem detém os meios de produção.

É o que chamo de conflito entre esforço e mérito: se alguém ganha mais, é porque teve mérito. O caminho que o levou ao resultado positivo – o esforço – faz parte de uma história que não interessa a quem lhe paga um salário ou compra algum serviço da empresa.

Sem refletir sobre esse simples conceito, as pessoas acabam sendo educadas desde pequenas em modelos engessados, sem liberdade de criação e inovação. Somos ensinados que devemos nos esforçar para nos enquadrar no sistema, tirar sempre as melhores notas, conseguir entrar numa faculdade e, assim que possível, começar a trabalhar e "dar o sangue" para alguma empresa. Casar, ter filhos, comprar a casa própria, viajar, ter momentos de lazer sempre que possível, emendar um fim de semana, trocar de carro todo ano.

Se der para guardar um pouco de dinheiro no meio do caminho, tudo bem, se não der, faz parte. Chega-se ao fim da vida com poucos ativos e muito gasto, dependendo de filhos que, muito provavelmente, seguirão o mesmo ciclo de esforço e trabalho, sem quase nenhuma grande realização.

Fomos treinados para achar que esse suposto esforço empenhado na nossa trajetória será sempre premiado, mas nem sempre isso acontece. Quando falamos de negócios e de ganhar dinheiro, o esforço é apenas

1 (Gonzalez, 2009).

um veículo. O combustível que o faz sair do lugar é o resultado, a efetividade. Quem vence a corrida da riqueza é quem agrega valor, quem tem mérito, não necessariamente quem se esforçou mais.

Não adianta um aluno virar a noite estudando para a prova do dia seguinte. Se ele não tiver retido os conhecimentos necessários, por maior que tenha sido seu esforço, não será aprovado. E de nada adianta receber um consolo depois, um cafuné dos pais, dizendo que, pelo menos, ele se empenhou. Quem está colhendo os louros é quem passou no exame. E não sabemos exatamente quantas horas estudou, se foi mais ou menos do que o aluno que falhou. Também não é possível comparar o estado emocional e físico dos dois alunos no momento da prova, quem mais se sacrificou ou quais técnicas cada um aplicou na prova. Na hora do zero a dez, é a nota que conta a história final.

Nos negócios e empresas, por mais que digam o contrário, vale a mesma lógica. O que é premiado é o resultado, não o esforço. É claro que o empenho e o engajamento são peças fundamentais para o sucesso, mas temos de deixar para trás a concepção errada de que deveríamos esperar ser premiados apenas pelo nosso esforço. Você receberá dinheiro de modo proporcional aos resultados que apresenta.

Quantos indivíduos você conhece que dizem que passam horas e horas no trabalho, se dedicam, trocam a vida pessoal por um serviço muitas vezes automático, que pouco agrega em valor, e mesmo assim ainda não enriqueceram? Além disso, quem garante que uma pessoa que trabalha doze horas por dia se empenhou durante todo este tempo sem distrações, foi produtivo e obteve para a empresa o retorno financeiro compatível com tanto sacrifício? Se o esforço fosse premiado, seu conhecido já seria milionário, o operário de fábrica mais produtivo teria sempre um padrão de vida muito elevado. Mas é mais fácil ver uma máquina substituindo funções do que um funcionário mediano, mesmo que esforçado, ficar rico.

Um trabalhador que corre o dia inteiro para colocar sacos pesados de lixo dentro de um caminhão, faça chuva ou sol, com certeza se esforça muito mais que a maioria das pessoas. Mas ele é premiado por isso? Não. Um funcionário de empresa que sempre chega no horário, cumpre o que lhe pedem, é amistoso com os colegas e não reclama, além de ser reconhecidamente "esforçado", será reconhecido? Se ele estiver trazendo mais dinheiro para a empresa, sim, caso contrário, na visão do chefe ele não fez nada além do que estava previsto em seu contrato de trabalho.

Não, isso não é desmerecer trabalhos de natureza mais simples e que também são necessários. Mas em prol da riqueza, temos de ser realistas e não suavizar o entendimento sobre produtividade, geração de valor, lucratividade e performance. O que proponho é a mudança de *mindset*, o entendimento real da engrenagem que nos faz ganhar mais dinheiro. E nesse trajeto, não podemos cair na falácia de que todo esforço é premiado.

O esforço pelo esforço não gera riqueza. O que gera riqueza é o mérito.

Com base nessa sabedoria, entendemos por que muita gente, mesmo repleta das melhores intenções, afirma que a meritocracia é um mecanismo injusto, pois ela não avalia as condições sociais preexistentes e o esforço de cada indivíduo para atingir determinado resultado, seja bom ou fraco. Mas não somos nós quem determinamos quem será o maior merecedor das coisas. Quem faz isso é o mercado, e ele só olha para resultados, não para o caminho trilhado.

Recentemente, o jogador de futebol Neymar Jr. foi vendido pelo Barcelona ao Paris Saint-Germain pelo estratosférico valor de 222 milhões de euros – ou, pela cotação da época do acordo, 821 milhões de reais. O salário dele fica acima dos 30 milhões de euros por ano, equivalente a 9,25 milhões de reais por mês, 2,15 milhões de reais por semana, 308 mil reais por dia, 12,8 mil reais por hora. Neymar ganha um salário mínimo a cada trezentos segundos.

Além da inevitável inveja que esses números despertam, muitas pessoas esbravejam: "É imoral que um único sujeito ganhe tanto dinheiro enquanto outros passam fome, e que um médico ou um professor receba apenas um salário normal!"

Mas a resposta para essa equação é bem simples. Nenhum professor ou médico do mundo é capaz de gerar montanhas de dinheiro chutando e cabeceando uma bola. Só o Neymar e outros jogadores do seu porte. Dotado de talentos raríssimos, Neymar se tornou milionário pelo montante de dinheiro que traz a todos que estão à sua volta, ao time, às marcas que o patrocinam. Milhares de empregos dependem do esporte que Neymar pratica.

E, sim, há médicos e professores que, por possuírem talentos únicos, também se tornam ricos. Esses profissionais se destacam, ganham prêmios e se tornam professores renomados. Em países desenvolvidos, um professor mediano pode receber salários comparáveis aos de executivos no Brasil. Na Alemanha, o salário anual médio de um professor é de quase 50 mil dólares. No pequeno principado de Luxemburgo, chega a 66 mil dólares por ano.[1]

A diferença salarial entre países explica muito bem por que o mérito – ou seja, mais dinheiro – não advém do esforço, mas, sim, de performance. Segundo um estudo realizado em 2018 pela Fundação Getulio Vargas (FGV) para o jornal *O Globo*, um empregado brasileiro gera, em média, 16,80 dólares por hora trabalhada, o que coloca o país na triste 50ª posição em uma lista de produtividade que inclui 68 nações. Na Alemanha, quinta colocada do *ranking*, os empregados são quase quatro vezes mais produtivos do que os brasileiros, gerando 64,40 dólares por hora, mesmo trabalhando em média 340 horas menos por ano que o trabalhador no Brasil.[2] Quem é mais rico, os esforçados brasileiros ou os eficientes alemães?

Em uma entrevista de emprego, dificilmente você será questionado se é esforçado ou se, no emprego anterior, ficava além do expediente para agradar seu chefe. O entrevistador vai querer é saber seus resultados, projetos realizados, competências adquiridas e talentos.

Apesar de ainda existirem vagas que exigem cumprimento de jornada, o mundo corporativo aos poucos tem flexibilizado horários; arranjos nas grandes capitais permitem o *home office* por alguns dias da semana. Tudo isso não tem sido oferecido de favor, mas porque as grandes corporações também identificaram que maiores lucros vêm de resultados, não do controle.[3] Se um funcionário fica mais satisfeito e produz mais por gastar menos tempo no trânsito, melhor para ambos.

Entendendo essa engrenagem que rege os negócios, você começará a deixar a ingenuidade de lado e entender que seu foco, para ganhar mais, deve ser sempre o resultado. Se você agrega valor e dá mais resultado que outros, empresas vão disputá-lo e, consequentemente, poderão te pagar mais.

Quem sabe disso não veste a camisa da empresa para a qual está trabalhando. Veste a sua roupa, mas coloca por cima o paletó da corpo-

1 (*Veja*, 2014).

2 (*O Globo*, 2018).

3 (*Exame*, 2015).

ração e aproveita a estrutura de negócios de outros para atingir seus próprios objetivos financeiros. Em determinado momento, o ganho de capital do funcionário de mérito sempre permite que ele mesmo possa deter os meios de produção. E aí o ciclo se completa, seja via empreendedorismo com seu próprio negócio ou investimento em ações.

SUA VIDA, SUA MARCA

Somos influenciados por marcas a todo momento. Do refrigerante que escolhemos no mercado ao tênis de corrida, da escolha da pasta dental ao pão de forma. As marcas, em curtíssimo tempo, denotam atributos e convencem consumidores de que são melhores que seus concorrentes. No ativo de cada marca, em inglês *branding equity*, estão depositados itens como o conhecimento de seu nome, a lealdade de seus consumidores, a qualidade percebida e as associações positivas que clientes fazem àquele produto ou serviço.[1]

A estratégia de construção de marca sempre gerou sólidos resultados para as empresas de bens de consumo. Valendo-se disso, teóricos do mundo corporativo começaram a detectar que quem construía uma boa marca pessoal em torno de suas atitudes e resultados tinha acesso às melhores oportunidades de trabalho e ganhos maiores. O que essas pessoas fazem, mesmo inconscientemente, é a chamada criação do *personal branding*, uma espécie de marca pessoal que as distancia do padrão médio encontrado em seu ambiente de trabalho e as faz serem mais requisitadas. Como consequência, quem trabalha bem seu *personal branding* sempre consegue ganhar mais.

Para entender como anda sua marca pessoal, alguns exercícios simples podem trazer respostas. Como proposto por Tom Peters em um dos primeiros artigos do mundo sobre o tema, publicado pela revista *Fast Company* em 1997, um bom começo é pensar como se fosse o gerente de uma das suas marcas favoritas.[2] Pergunte a si mesmo, refletindo sobre seus talentos e habilidades, as mesmas perguntas que gerentes de marcas como Nike, Coca-Cola ou Natura fazem: o que meu produto tem que o torna diferente?

1 (Aaker, 1998).

2 (Peters, 1997).

Depois de refletir, escreva sua resposta em até quinze palavras. Leia o resultado, pense mais e, outra vez, olhe de novo para ele e faça os ajustes finais. Se o que estiver escrito ali não saltar aos seus olhos, não demonstrar nenhum diferencial competitivo ou, no pior cenário, não te fisgar logo de cara, existe coisa a ser melhorada se você quer ganhar mais dinheiro.

Peters prossegue e ensina que primeiro devemos identificar o que nos diferencia de colegas. O que você fez ultimamente, nesta semana, que o torna melhor do que os outros? O que seus chefes e colegas de trabalho falam de você reflete a sua maior força?

Outra estratégia simples é pedir que familiares e colegas de trabalho o descrevam com apenas uma palavra. Peça sinceridade e não leve para o lado pessoal. Você pode se achar uma pessoa dinâmica e alegre, mas ficar surpreso ao ser descrito como disperso. Imaginar-se organizado e efetivo, mas alguém elencá-lo apenas como resiliente. Ao se dar conta de como sua imagem, sua marca pessoal, é projetada, seus problemas de conhecimento técnico, gestão e até mesmo de personalidade ficam mais claros.

Eu, por exemplo, durante muito tempo fui visto pelas pessoas ao meu redor como um grande conhecedor do mercado financeiro. Um empreendedor corajoso, positivo, bom em vendas, mas arrogante. Essa crítica, no entanto, não me impediu de crescer financeiramente, pois foi com ela que tive clareza do meu ponto fraco, ao qual deveria estar atento em reuniões importantes. Focado em melhorar meu *branding* pessoal ao longo do tempo, passei a ser avaliado de maneira muito mais positiva por quem tinha contato comigo. Os benefícios foram inúmeros, incluindo oportunidades de negócios, ter minha opinião sendo considerada relevante em debates e, surpreendentemente, saber que sou lembrado e reconhecido até quando não estou presente.

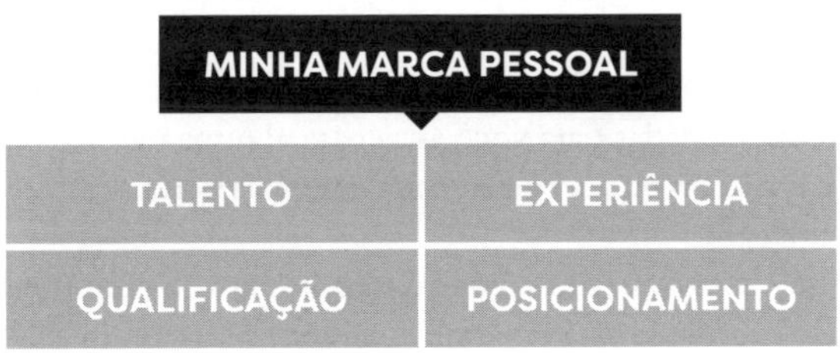

O valor que você emite e propaga para quem está à sua volta será sempre determinante na possibilidade de que você ganhe mais dinheiro. Se você não agrega valor percebido para sua empresa, para os negócios ou para quem está ao seu lado, menores serão suas chances de ter aliados dispostos a lhe darem mais oportunidades ou comprarem mais de seus serviços.

Dar-se conta disso é fundamental para a construção de seu mérito. Existem pessoas que são muito boas em gerenciar o patrimônio alheio. Chegam no horário para trabalhar, não faltam, realizam tarefas de maneira adequada e cumprem o que lhes é pedido. Mas quando se trata de sua própria marca, pouco têm a agregar.

Esse tipo de pessoa não busca um contínuo aprimoramento dos seus conhecimentos, gasta todo o seu dinheiro com diversão ou itens supérfluos, não lê livros ou assiste a documentários, não está ativa fisicamente, não cuida da alimentação e saúde, faz muitos favores para os outros e dedica pouco tempo a si mesma. Muitas vezes é desleixada com a forma com que se veste ou se apresenta em alguns locais, faz postagens inadequadas em redes sociais e anda com companhias que não têm conteúdo.

Por mais que tentemos dizer que o meio corporativo é asséptico e a vida íntima não faz parte dele, o tipo de conversa que conseguimos engajar e nossa marca pessoal propagada estarão sempre sendo avaliados. E se você não tem uma marca forte e positiva, será sempre ignorado durante as grandes tomadas de decisões, mesmo aquelas que impactam sua vida dentro da empresa, como uma mudança de cargo.

A reflexão sobre nossa marca pessoal também é um grande passo para a construção de um plano estratégico de carreira. Todos precisam saber em qual patamar se encontram e onde querem chegar. Com as ferramentas acima em mãos, volte seus olhos para todas as suas ações e atitudes, habilidades técnicas e postura. Quais livros estão na sua estante, o que sai da sua boca em rodas de conversa. Reveja suas redes sociais, os e-mails que envia, quais oportunidades apareceram em seu entorno e que não foram direcionadas para você, mas para alguma outra pessoa. Compare entre as marcas de vocês e entenda em quais pontos um colega pode ter tido vantagem.

Será que, como produto, você está posicionado com uma embalagem legal? A validade está em dia? E se você perceber que seu tipo de talento está em promoção no mercado?

Talvez sua marca nem mesmo represente o seu maior talento. Descobrir qual é ele será fundamental para a construção da marca que você quer tornar reconhecida. E é com ele que você pode mudar o jogo a seu favor. Faça uma lista com várias coisas que você sabe fazer bem, como saber falar em público, criar empatia, escrever, fazer previsões financeiras, calcular ou desenhar. Entre tudo o que conseguir pensar, com certeza há uma que você saiba melhor do que as outras. E, tenho certeza, se descobrir qual é esse seu talento nato, você se dará conta de que sabe trabalhar com ele, inclusive melhor do que a maioria das pessoas que estão ao seu redor.

Existe sempre alguma habilidade que para você é nata ou é executada com mais facilidade, e é nela que pode estar o ponto de virada da sua carreira. Joel Moraes, ex-nadador da seleção brasileira e hoje palestrante requisitado para falar sobre sucesso, dá um exemplo claro da importância dessa identificação do maior talento:

> "Quando eu era nadador profissional, era especialista em prova de cinquenta metros livres. Para você ser considerado um bom velocista, é necessário que cumpra uma série de requisitos ao longo de uma prova que é extremamente rápida e admite poucos erros. Existe a velocidade de reação para pular na água assim que se escuta o tiro de largada, a força e impulso que o atleta consegue gerar ao deixar a plataforma, a explosão das primeiras braçadas, resistência e hidrodinâmica, com cada trecho de dez metros da prova tendo características ímpares.
>
> Mesmo numa prova tão curta como essa, eu estudava a fundo qual era minha melhor habilidade, e logo descobri que a parte em que eu mais me destacava eram os primeiros quinze metros. Então foquei todo meu empenho em melhorar essa primeira etapa da prova, pois sabia que, quanto mais eu conseguisse transformar esse meu diferencial em um ponto invencível, maiores seriam as minhas chances de vitória. Quanto mais rápido eu conseguisse ser logo no começo, menores seriam minhas chances de perder, pois na metade final da prova eu não era melhor do que os outros."

Neste trabalho de descoberta de talentos e construção de marca pessoal, alguns cuidados devem ser tomados. Alguns erros comuns podem ter efeito contrário sobre seu *branding*, e, assim como uma peça de marketing mal colocada ou mal interpretada causa danos a uma empresa, você pode sair prejudicado se não souber utilizar esta ferramenta com cuidado.

O primeiro erro é o de, no afã de ser reconhecido, se tornar um "especialista em problemas". Esta é a típica pessoa que azeda o ambiente, sempre reclamando de erros dos outros e vendo obstáculos no sistema de gestão da empresa. Ao mesmo tempo em que pontua as falhas alheias, ela acredita piamente que seus talentos nunca são reconhecidos, já que, se estivesse na posição de seus chefes, as situações-problema não existiriam. De maneira iludida, o caçador de problemas sempre se acha muito superior e inteligente por encontrá-los, mas nunca coloca a mão na massa para resolvê-los.

Quem quer ser promovido ou ascender não deve apontar os erros em processos e estratégias, mas sim entregar as possíveis soluções. Coloque-se na posição de líder: você valorizaria mais quem lhe diz o que está errado ou quem chega com respostas?

Outro profissional que faz uma leitura errada de *branding* é o que classificamos como "pidão". Ele passa o tempo todo falando de si, impondo suas habilidades para fazer parte de projetos, solicita indicação para vagas para as quais não possui qualificação alguma, ou pede para amigos que seja incluído em todos os "esquemas". Esse profissional vocaliza que é uma boa alternativa para qualquer espécie de negócio, mas não entende que resultados andam de mãos dadas com o mérito. As pessoas mais requisitadas não pedem, elas antecipam necessidades. Elas não reagem a uma oferta, elas são proativas.

Por fim, não acredite que a construção de uma marca pessoal forte venha atrelada à solidão. Não é com isolamento no trabalho ou na gestão de seu negócio que você constrói uma imagem forte. Quem atua como cavaleiro solitário dentro de uma organização corre mais risco de ser conhecido como alguém estranho do que eficiente.

Sempre há pessoas ao redor que podem ensinar ou fornecer mentoria. Se você é próximo de uma pessoa experiente e de sucesso, com certeza tem muito o que aprender com ela. No sentido inverso, você também pode ensinar e propagar sua própria marca ao treinar outros companheiros, ampliando suas chances de reconhecimento por isso.

Ao construir seu *personal branding*, lembre-se:

- NÃO GERENCIE APENAS O PATRIMÔNIO DOS OUTROS
- NÃO SEJA "PIDÃO"
- DESCUBRA O SEU MAIOR TALENTO
- NÃO FIQUE ISOLADO

Certa vez, conversava com um amigo que frequenta muitos fóruns na internet, e ele me contou um desses "causos" do mundo dos negócios. Alguém havia lhe perguntado:

— Se tirarem tudo de Warren Buffett, em quanto tempo será que ele conseguiria fazer um milhão de dólares novamente?

Meu amigo não titubeou e disse:

— Isso depende. Se ele perdesse todo o patrimônio, mas mantivesse seu prestígio, bastaria fazer uma ligação para Bill Gates ou qualquer outro bilionário e dizer que estava abrindo um novo fundo de investimentos. Rapidamente captaria alguns milhões de dólares para gerir e, em questão de dias, ganharia mais do que todos nós já conquistamos durante a vida inteira.

Assim como a fama de Buffett o acompanha por onde passa, todo indivíduo é marcado pela imagem que projeta no mercado.

Branding *pessoal gera dinheiro real.*

A TEORIA DOS ESPAÇOS VAZIOS

Assim como o ar preenche naturalmente todos os espaços de um cômodo, um profissional antenado pode detectar oportunidades e zonas livres dentro das corporações. Seja por falta de profissionais em número ou falha de colegas, sempre há tarefas não sendo cumpridas integralmente ou da melhor maneira, territórios inexplorados e brechas para expor positivamente sua marca pessoal.

A teoria dos espaços vazios no mundo corporativo divide profissionais em três grupos:

AQUELE QUE FAZ O QUE É PERMITIDO → AQUELE QUE GOSTA DO PROIBIDO → AQUELE QUE EXECUTA OS OPCIONAIS

O profissional que faz apenas o que é permitido vive na zona de conforto. Ele faz tudo certo: chega no horário, não falta, não causa desconforto para seus colegas, cumpre tarefas e faz o trabalho da maneira mais adequada possível. Ele pouco erra, mas também não propõe nada novo, não agrega valor a nada que faz.

Pode até ser assíduo nas tarefas que executa, mas, quando se depara com a oportunidade de fazer algo que vai além da sua descrição de cargo, reclama:

— Não vou propor que eu faça isso. Meu chefe é quem tem que cuidar dessa tarefa, afinal ele é muito bem pago para isso!

Enquanto isso, colegas ainda concordam:

— Não deixa barato, não! Seu chefe está te explorando.

Todas as vezes que ouvi esse tipo de diálogo, na mesma hora entendia que essas pessoas dificilmente poderiam estar em meus planos de longo prazo. Na minha mente, o que eles diziam era:

— Eu não quero mais do que já tenho!

Toda pessoa que vira as costas para o poder está fadada a permanecer longe dele.

Quem não ocupa os espaços vazios não é visto como empreendedor ou alguém ativo que está apto a desenvolver novos projetos. E empresas, por mais estáticos que os negócios possam parecer, estão a todo tempo se recriando, desenvolvendo ideias dentro delas mesmas, se reestruturando. Quem faz só o que lhe é pedido não é visto nem pelo cliente interno, muito menos pelo externo, diminuindo substancialmente suas chances de ser lembrado por algo relevante.

Mas há também quem goste do oposto, o funcionário ou empreendedor que prefira permanecer 100% do tempo na zona proibida. Se é instruído a fazer uma tarefa de determinada maneira, ele pensa que seria melhor implementá-la de outra. Muitas vezes, perde seu tempo executando certo as coisas erradas, ou deixando de lado o que deveria ser prioridade. Ele pode ser cheio de ideias e vívido, mas expõe isso de maneira desordenada e sem foco dentro do ambiente profissional.

Como fica óbvio, apesar de uma aparente boa vontade de fazer coisas diferentes e inovar, um funcionário que não sabe cumprir ordens básicas dificilmente será considerado numa promoção.

E aí resta aquele que entende que entre seu cargo e a promoção existe um vão que precisa ser transposto. É o tal do espaço vazio que nunca é preenchido automaticamente. Para que o limite do seu cargo encoste na função acima, é preciso injetar ânimo no dia a dia, mostrar entusiasmo, lealdade e perseverança. Além de ser um bom cumpridor de tarefas, quem tem atitudes que vão além do esperado e coloca a mão na massa nas tarefas que parecem apenas opcionais mostra que é alguém diferenciado.

Nem todos à sua volta, porém, vão compreender você bem nesse exercício. Podem te chamar de puxa-saco, "queridinho" do chefe, mas quem está focado em ganhar mais não negocia com o fracasso alheio. Ignora o ambiente hostil e vai além do que está na descrição de seu cargo – afinal seu grande momento dentro da empresa pode não estar no texto, mas no contexto.

O vencedor não quer ser mocinho nem vilão. Ele só quer triunfar, e com ética, pois ultrapassá-la nunca gerará resultados perenes no longo prazo.

Chefes esperam contar com sensibilidade, com quem saiba fazer o que não está a olho nu. O profissional que faz além do requisitado, ativando os "opcionais", desenvolve sua capacidade sensitiva e observa quais atitudes podem destacá-lo da massa. Para isso, desenvolve a autoliderança e automotivação. Quem precisa de elogios o tempo todo para se sentir estimulado ou desmonta diante de qualquer crítica, provavelmente, não será quem dará o próximo passo no mundo corporativo.

Empresas muitas vezes querem funcionários com olhar de dono, que se engajem e consigam ir além. Para conseguir isso, é importante que cada uma analise suas funções no trabalho de maneira holística, pois toda organização está cheia de espaços vazios prontos para serem ocupados. Se for capaz de preenchê-los de forma ativa, não apenas com ideias e falácias, mas gerando resultados visíveis, pode ter certeza que em breve estará ganhando mais.

Mas aqui vale um alerta: apesar de grande parte das corporações gostar de dizer que admira empregados com olhar de dono, nem todas estão preparadas para premiar quem trabalha assim, e muito menos estão abertas à proatividade. Olhar para o histórico de crescimento profissional de outros colegas e como líderes atuam podem ser bons indicativos para compreender se você está inserido em um ambiente meritocrático. Caso não sejam muito óbvios os resultados de quem foi promovido ou laureado, talvez o melhor caminho seja migrar de ambiente.

CONSTRUÇÃO DE AUTORIDADE

Há mais de cem anos, o sociólogo Max Weber já detalhava em uma de suas obras clássicas, *Ciência e política*, que autoridade é uma forma de poder que não implica força. "Ao contrário, ela envolve uma ideia de suspensão do julgamento por parte dos que se submetem a ela. As diretrizes ou ordens são seguidas porque se acredita que devam ser seguidas. A obediência é voluntária."[1]

Mesmo após tanto tempo, palavras como "autoridade", "liderança" e "chefia" continuam sendo confundidas no mercado de trabalho e negócios. Por causa da falta de reflexão sobre o que representa, a autoridade é muito pouco explorada por quem ainda está galgando degraus na carreira. A boa notícia é que, como Weber mesmo disse, você não precisa ser chefe para ter autoridade. Saber construí-la por meio de suas habilidades técnicas, maiores talentos e *branding* pessoal é possível. Exercer a autoridade, mesmo quando ainda fora da chefia, faz com que suas chances de ganhar mais se multipliquem.

Quanto mais autoridade você exercer sobre determinado assunto, menos ingerência você sofrerá. Isso significa que, ao demonstrar pleno conhecimento de suas tarefas e ao saber como executá-las com esmero, menos interferência de chefes você terá ao longo do tempo. E isso, pouco a pouco, pavimenta o reconhecimento de que você não precisa de comando, mas está apto a passar a tarefa para outro funcionário que ainda precisa aprendê-la, enquanto dedica seu tempo às estratégias para tornar essa prática ainda mais eficiente dentro da corporação.

A construção de autoridade passa por diversos níveis. Se você pensa em conquistar um cargo de liderança, deve necessariamente estar preparado para fazer dela seu aliado. O primeiro passo para isso é dissecar quais aspectos fazem parte das exigências para quem, atualmente, gerencia sua área de atuação. Isso não significa que você queira tomar

1 (Stefano, 2008).

o lugar de alguém que está acima de sua hierarquia ou vá prejudicá-la. Essa análise pode ir além de sua corporação e envolver pesquisas em concorrentes e empresas com funções correlatas. A questão é trabalhar em prol das suas aspirações, estar preparado para o momento em que as oportunidades surgirem, pois elas sempre aparecem.

Num primeiro momento, todos somos anônimos para a liderança. Em equipes muito grandes e dispersas, pode ser difícil encontrar alguma maneira de se destacar da multidão ou fazer algo que demonstre plena habilidade nas mais diversas áreas. A questão é que, quase sempre, quem está no comando não têm tempo para ensinar sobre autoridade. Ele está preocupado com a gestão, o resultado final, e pode não deixar tão claro que você tem liberdade de fazer mais do que lhe é pedido. Conquistar autoridade é uma decisão pessoal, fica entre a escolha de se manter acomodado apenas atendendo ordens ou ocupar os espaços vazios.

Deixar esse anonimato pode ser simples, mas não menos desafiador. O primeiro passo é liderar a si mesmo, fazer com que sua eficiência aumente para que serviços que pareçam complexos para os outros sejam completados mais rapidamente por você. Se o chefe pede um relatório para daqui sete dias, você o entrega no terceiro. Se um dia uma reunião é marcada às sete horas da manhã, você dorme na hora correta na noite anterior e chega com um sorriso no rosto às 6h45. Num almoço com colegas da empresa, você se alimenta bem de maneira adequada e evita alimentos pesados, pois sabe que tem uma tarefa importante para ser cumprida no período da tarde e não pode ficar com sono, bocejando na sua mesa. Você se mantém sempre alerta e preparado, consegue propor ideias mais relevantes em discussões da equipe.

Ao conseguir manter esse padrão de autoliderança constante, você será em algum momento reconhecido como um profissional bem-sucedido no que faz. Pessoas se aproximarão pelo seu exemplo e, mesmo que sem uma atribuição de cargo, passarão a pedir ajuda e poderão até mesmo receber ordens suas sem que isso seja percebido, pois você deterá autoridade sobre aquele grupo. Aos poucos, de autoliderado solitário, você percebe que engajou quatro, cinco colegas de trabalho ao seu redor. E essa fama, se construída com cautela e sem egocentrismo, se espalhará lentamente.

Também deixe de lado a sensação de que, se for muito bom e isso ficar muito aparente, alguns poderão se afastar por se sentirem ameaçados. Isso até pode acontecer, mas quem quer crescer – assim como você – sabe que é preciso ter bons aliados ao lado para construir esse caminho. As pessoas não apenas o notarão, mas vão querer estar perto de você.

EU, AUTORIDADE

1 Em que assunto da sua atividade profissional você se sente mais confortável em ouvir que é especialista?
2 Em que área na sua profissão você se sente apto a desempenhar tarefas com total autonomia?
3 Se você pudesse assumir um departamento específico no seu trabalho, que departamento seria?
4 Se você fosse convidado a publicar um livro por uma grande editora ou fosse feito um documentário sobre a sua história, qual seria o conteúdo? Vale aqui também pensar algo que você não domina ainda, mas que deseja dominar.

A autoridade pavimenta a construção da liderança. Se você quer ser chefe, precisa de autodomínio, vencer instintos da preguiça e procrastinação, pois passará a servir de exemplo. Em reuniões e projetos, será solicitada sua presença e sua opinião será bem-vinda. Na chegada de novos funcionários, indicarão que você ensine o trabalho a eles, pois é quem melhor sabe executá-lo.

E, como previsto, o momento de alcançar um novo cargo surgirá. As empresas estão em constantes mudanças, e, por mais estático que alguém pareça estar em algum cargo, chefes são transferidos, mudam de emprego. Expansão de negócios acontece, empresas reinventam sua estrutura. Mesmo que o processo seja competitivo, e candidatos de fora apareçam para disputar uma vaga de gerência aberta, você será automaticamente lembrado por seus superiores se agregar valor aos resultados da companhia.

Com o novo cargo em mãos, a autoridade se torna mais óbvia, e um novo flanco pode ser aberto. Possuindo a validação corporativa para comandar, você receberá mais dinheiro, mas também passará a ser mais cobrado por performance e resultados financeiros. Mantendo a assertividade, será visto como uma autoridade celebridade, aquela que é vista falando em nome da corporação e fora dela. Neste momento, sua autoridade chega ao mercado e pode começar a ser desejada por outros grupos empresariais.

Se o seu sucesso for estrondoso, disruptivo, é possível que você não seja esquecido, mesmo que parta para outro trabalho. Isso é a concretização da construção da autoridade mito, aquela que trouxe resultados muito acima da média e se torna referência de excelência. Alinhadas a tudo isso, ficam suas expectativas de ganhos. Seja em salário, participação nos lucros ou partindo para um empreendimento só seu. Deter autoridade sempre será sinônimo de ganhar mais.

PLANO DE AÇÃO PARA A CONSTRUÇÃO DA AUTORIDADE

Pense nas questões abaixo, elas lhe ajudarão a refletir e encontrar alguns caminhos para que você seja mais reconhecido no que faz.

1. Você quer ser autoridade em qual habilidade?
2. Onde você quer que isso aconteça?
3. Quem participa deste objetivo?
4. Quando vai acontecer?
5. Qual é a evidência de que você conseguiu?
6. O que você ganha com isso? Quais são os benefícios que obterá?
7. O que você perde com isso? Este objetivo ou resultado afeta negativamente outras pessoas do meio do qual você faz parte? Se a resposta for sim, o que você precisa alterar no seu objetivo para que afete apenas positivamente outras pessoas ou seu meio?
8. Por que isso é importante para você? Quais os valores que você vai satisfazer com esta meta?
9. Quais ferramentas precisa para atingir este objetivo? Recursos financeiros, conhecimentos, métodos, tempo, habilidades e competências.
10. Quais as formas para conseguir isso? Qual é seu plano de ação?
11. Você conhece alguém que já fez isso? Como esta pessoa conseguiu?
12. Qual será o primeiro passo?
13. Este objetivo depende apenas de você ou de outros para se concretizar? Se precisar de outros, o que você pode fazer para que ele seja apenas seu?
14. Qual o seu grau de comprometimento em realizar isso? O que você pode fazer para aumentar seu foco nesta conquista?

COMO PEDIR AUMENTO

Todo mundo quer receber mais pelo trabalho que exerce, mas poucos entendem a lógica empresarial que está implícita nesse movimento. Como explicado, muitos não compreendem que não é pelo esforço que um aumento pode chegar, mas sim pelo mérito de cada um em gerar mais dinheiro para quem se trabalha. Nenhum chefe lhe garantirá uma promoção apenas porque é alguém esforçado nas suas funções, mas porque garantiu um retorno maior do que seu custo e não interessa a eles perder você como um recurso provedor de lucros.

Entender a mentalidade do dono é fundamental para que seu anseio de receber um aumento não seja frustrado com facilidade. Independentemente dos seus argumentos, sejam eles pessoais ou profissionais, ao apagar das luzes, empresas sempre querem ganhar mais dinheiro. Mas nenhum chefe vai externalizar este argumento ao negar uma promoção, e é por isso que você deve estar consciente dele antes de fazer um pedido desse tipo.

Deixando de lado, mais uma vez, a ingenuidade acerca do que move os negócios, é hora de entender como você pode gerar mais lucros para a companhia, mesmo recebendo mais. O que deve ser feito para que topem sua proposta? Consegue cortar alguns custos, fazer com que a marca da empresa se posicione melhor, aumente a escalabilidade de algum serviço ou a torne mais reconhecida por algo? Se nada disso estiver claro, sua proposta de aumento será muito frágil.

Quando alguém pede um aumento, o primeiro pensamento que passa na cabeça de um chefe não são suas qualidades, mas sim quanto custaria para demiti-lo. Se você pede mais, saiba que está sujeito a passar por uma avaliação muito mais dura sobre seus resultados. Você será destrinchado, comparado, pressionado. Se a empresa detectar que fica mais barato colocar alguém novo em seu lugar em vez de lhe pagar mais, este é o momento em que cogitarão o seu desligamento da empresa.

É por isso que a argumentação sobre o mérito é preponderante. É nesse momento que você coloca em jogo a conquista de autoridade, o tempo dedicado ao aprendizado e ao aprimoramento de funções, os processos que foram melhorados pela sua atuação, as novas práticas que foram criadas e validadas. Toda sua competência intelectual, experiência e familiaridade com o negócio vão pesar. Um profissional de fora levaria quanto tempo para ser treinado? Será que ele teria a mesma motivação? E em quanto tempo adotaria o DNA da empresa?

Não chegue à mesa de negociação sem estar preparado para tudo isso. E não transforme o pedido em uma guerra. Ele deve ser feito mais em forma de diálogo e comunicação do que de imposição, pois pode ser que, mesmo avaliando seu merecimento, a empresa ache que não esteja pronta para, naquele momento, lhe dar um aumento.

E aí entra a forma com que você vai apresentar a discrepância entre o seu salário e o que é pago no mercado; as provas de que o valor que você agrega é muito maior do que está sendo pago a você. Muitas das objeções que poderá sofrer podem ser previstas, e respondê-las com coerência também lhe dará mais chances de conquistar o objetivo de ganhar mais.

Mas, repetindo: não confunda esse momento com a hora de mostrar qual foi o seu esforço. Argumentos sobre como você sempre cumpriu seus horários, executou as tarefas pedidas e foi cordial não servem de nada. Isso tudo já era esperado de você ao ter sido contratado e, simplesmente, fazem parte da descrição de seu cargo.

Ter concluído algum curso ou o famoso MBA, por exemplo, não pode fazer parte de um contexto vazio. Apresentar um diploma sem detalhar por que ele trouxe mais dinheiro para a companhia não terá validade alguma. A verdade é que os donos do negócio estão pouco se importando com seu desenvolvimento profissional, se isso não estiver diretamente relacionado às chances de obterem maiores rendimentos.

Para conquistar um aumento, a negociação tem que ser vista muito mais como um convênio do que uma simples mudança de contrato. No primeiro, chega-se a um acordo que é bom para todos, no último, existem cláusulas em que cada um apenas defende seu lado. Não deixe de entender os planos da empresa, peça um prazo e direcionamento claro da companhia sobre seu pedido. Se seus argumentos forem sólidos, com certeza uma resposta rápida chegará até você. Caso contrário, talvez você perceba que é o momento de ganhar mais em outro lugar.

NÃO SE VENDA POR HORA

Seguindo as leis trabalhistas brasileiras, um trabalhador pode ter uma jornada semanal máxima de até 44 horas. Apesar de, no Brasil, salários serem regidos por um pagamento mensal, não é difícil calcular quanto vale a hora trabalhada de cada um. A questão é que, quanto menos operacional for a função, há menos clareza sobre o valor de cada minuto gasto no trabalho, e isso é uma grande vantagem para quem pretende ganhar mais.

Um gerente de operações, por exemplo, pode gastar minutos para resolver o mesmo problema que um analista na mesma área. Um publicitário, ficar horas divagando sobre um produto, para em poucos segundos alcançar o *insight* necessário para uma campanha de sucesso e só então começar a desenvolvê-la.

Como medir o valor de cada hora deles, se a forma como executam o trabalho pode ser totalmente diferente? Trabalhos que não são feitos de pura repetição quase sempre podem ser pagos via desempenho, não hora trabalhada. Com esse conceito em mente, você pode começar a aproveitar melhor seu tempo e entender que a sua hora não vale, em absoluto, o valor exato da divisão de sua jornada de 44 horas semanais.

Em números, se eu recebo um salário de 1 mil reais, considerando uma média de 21 dias úteis no mês, chego à conclusão de que ganho, por hora, 5,4 reais. Mas se eu executo minhas tarefas em trinta horas semanais, e não 44 horas, o valor da minha hora terá saltado para 7,9 reais. Só que seu chefe não precisa saber disso. O que você vai pedir para ele é que a sua remuneração seja realizada pelo seu desempenho, não pelo tempo que permanece na empresa. Com isso, você ganha flexibilidade, liberdade geográfica e um maior aproveitamento dos seus talentos.

Com mais tempo livre e maleabilidade em seus horários, você pode dedicar parte do seu foco para aprender novas coisas, reduzir o estresse da sua jornada e logística de deslocamento, aprender a priorizar tarefas mais importantes e, em suma, se tornar ainda mais produtivo no momento em que estiver concentrado em alguma atividade.

Além disso, o profissional que se vê cobrado por resultados, e não por bater cartão na hora certa, consegue liberdade para se dedicar a outros projetos e criar novas possibilidades de receita, o que alavanca, mais uma vez, seu potencial de ganhos.

Diferentemente de quando se pede aumento, requisitar uma remuneração por desempenho exige uma avaliação mais cuidadosa da empresa. É preciso entender se os esquemas de trabalho da corporação permitem esse tipo de arranjo, se outros já conquistaram o benefício e quais serão os limites de ambos os lados. Imagine se, ao lugar de perceber que trabalha menos, o funcionário se deparar com um chefe que liga depois das sete horas da noite pedindo algo?

Neste momento de discussão, tenha muito claro os motivos pelos quais a empresa pode aceitar a proposta, e não as razões que, muitas vezes, acredita serem as principais para você. Evite discursos de cunho pessoal, como alegar que pretende passar mais tempo com a família. Ao invés de enxergar produtividade, seu chefe pode ver nisso um sinal claro de que você só pede flexibilidade porque possui outras prioridades.

Ao conquistar esse benefício, use-o com racionalidade. Aja com sabedoria e esperteza, sempre posicionado para apresentar um desempenho coerente com a confiança recebida. Não deixe que, com menos tempo de corpo presente em um local, a sua marca pessoal deixe de ser vista e reconhecida.

Aprenda a escutar primeiro antes de se movimentar. Se um chefe propõe uma tarefa, deixe que ele diga quando gostaria de recebê-la feita e não seja você quem propõe, logo de cara, o prazo. Você pode achar que três dias são suficientes, e seu chefe dizer que lhe dá sete. No terceiro dia, o surpreenda com o resultado. Não só em prazos, mas também em muitos outros tipos de discussões do mundo corporativo, toda vez que você se movimenta primeiro, perde a chance de saber uma série de coisas que se passam no campo das ideias alheio.

Com seu salário sendo pago por desempenho, fica sua missão de manter resultados sempre em ordem. Se começar a prometer coisas que não pode cumprir, sua reputação entra em jogo e você, muito provavelmente, em breve voltará a receber por hora.

EMPREGO DOS SONHOS

Sabemos que, à exceção de alguns muito ricos, a grande maioria das pessoas precisa encontrar uma ocupação que garanta, pelo menos, o sustento básico ao longo de várias décadas. Depois de anos vividos na escola e sendo preparados para o mundo adulto, chega a hora da escolha da profissão e, ainda muito jovens, traçamos nosso destino para o resto da vida.

A decisão nunca é fácil e, às vezes, não é tão sábia. Seja por influência externa, imaturidade ou mesmo autoengano, é muito comum que em pouco tempo o profissional esteja muito insatisfeito com o que faz. E isso não é exceção no mercado de trabalho:

MAIS DA METADE DOS BRASILEIROS ESTÁ INSATISFEITA COM A CARREIRA

Desilusão com a profissão e crise estão levando profissionais de volta às faculdades.

(Jornal *O Tempo*, julho de 2017)[1]
72% das pessoas estão insatisfeitas com o trabalho, aponta pesquisa. Profissionais reclamam de falta de reconhecimento e excesso de tarefas. Empresa deve avaliar perfil do colaborador para resolver a situação.
(Portal G1, abril de 2015)[2]

É preocupante uma taxa tão alta de desconforto com a atividade que ocupa a maior parte da nossa vida. É o trabalho, de maneira fria, que determina o que podemos comprar e onde morar, o que comer e até nossa estrutura familiar. Ter um bom relacionamento com ele deveria estar entre as prioridades de todas as pessoas. E engana-se quem diz que dinheiro não importa e que o trabalho é secundário. Descuidar-se dele é deixar de lado um dos itens que mais afetam sua vida.

Essa frustração explica um pouco sobre a mudança na relação pessoa-trabalho proposta pelos chamados *millennials*, a nova geração que está em busca mais de realização do que de sucesso; que avalia mais uma empresa pelo seu modelo de negócios do que pelo status dos produtos que manufatura.[3] No fim, a verdade é que, ao olharmos o que eles fazem, todos têm se tornado um pouco mais *millennials* também.

A diferença é que, com experiência e pé no chão, podemos tentar alinhar sonhos e anseios ao trabalho que executamos bem, gerando ainda mais retorno financeiro com isso. Temos a completa noção de que a recompensa salarial é parte essencial do trabalho que escolhemos. Com essa consciência maior sobre a relação vida-trabalho, podemos desenhar com mais exatidão o que podemos chamar de “emprego dos sonhos”.

O primeiro passo é delinear o que é, exatamente, esse emprego dos sonhos. Muitas vezes, ao partir para este tipo de reflexão, de cara nos damos conta de que nem sabemos qual tipo de atividade realmente nos faria felizes. Em termos práticos, fica mais fácil começar pelo reconhecimento do modelo de trabalho que se encaixa mais com seu perfil.

Há quem acredite que o emprego dos sonhos é aquele que lhe proporcione liberdade de tempo, não exija ponto ou horários a serem cumpridos todos os dias. Para alguns, pode ser um que não o pague

1 (*O Tempo*, 2017).
2 (G1, 2017),
3 (Inc., 2018).

por hora, mas por resultado e performance, abrindo mão de um salário fixo para ficar com comissões. Para outros, pode ser que o emprego dos sonhos ainda nem exista em alguma empresa, e seja preciso formatá-lo do zero, empreendendo.

A performance e o empreendedorismo, inclusive, estão entre as melhores estratégias para se ganhar mais, porém, pouquíssimas pessoas se sentem seguras com essas formas de trabalho. Será que a pouca previsibilidade, porém, com chances de maiores ganhos, faz parte de seu sonho?

Realizado esse desenho mental do emprego ou tipo de trabalho almejado, é hora de localizar onde ele se encontra. Se é dentro da sua organização ou em outro setor, se ele exige alguma transformação radical na sua carreira ou, caso verta para o empreendedorismo, se está sendo realizado por um concorrente. É importante conhecer como funciona na prática o que você sonha e, a partir de exemplos reais, saber qual será a sua forma de conquistá-lo.

Com o reconhecimento e a validação do sonho nas melhores práticas existentes, parte-se para a administração dos riscos de se buscar tal transição. Ao contrário do que se pensa, o risco está em todo lugar, até mesmo nos empregos considerados mais estáveis e, por isso, não é preciso fugir dele, mas sim estar preparado para enfrentá-lo.

E, como em todo planejamento, entenda que ele não é um fim, mas deve ser adaptado às constantes variáveis apresentadas pela vida e pelo mercado. Aprenda a vender sua ideia de sonho para os outros, convencê-los de que você está apto para vivenciá-lo, agindo com proatividade e se ajustando aos desafios propostos. Faça dessa busca uma reconstrução de si mesmo, aplicando no seu dia a dia um processo de melhoria que determine:

QUESTIONÁRIO: O EMPREGO DOS SONHOS

Às vezes estamos insatisfeitos com o que fazemos, mas ao mesmo tempo não temos uma ideia muito clara do que realmente nos traria maior satisfação profissional. Pensar sobre as perguntas abaixo é um exercício que pode facilitar essa tarefa. Não se esqueça de escrever suas anotações, pois uma reflexão pausada e profunda pode lhe mostrar alguns caminhos.

1. Qual seria um emprego dos sonhos para você? Pense e escreva com detalhes.
2. Qual é o formato de trabalho que você mais almeja? Por tempo? Por produtividade? Seja bem específico em sua resposta.
3. Onde ele acontece? No escritório, na sua casa ou de maneira remota? Seja específico.

Preencha o quadrante abaixo sobre o formato de emprego/trabalho que você deseja implementar na sua vida:

O que quero fazer menos	O que quero deixar de fazer
O que quero fazer mais	O que gostaria de criar

SEU SALÁRIO NÃO IMPORTA

Salários, por mais altos que sejam, não podem ser considerados referenciais de riqueza. Quem é rico sabe que precisa construir o futuro diversificando capital de diversas formas, pois entende que rendimentos exponencialmente maiores sempre estão atrelados a negócios e dividendos.

Num exemplo extremo de como isso funciona, basta olhar para o último relatório de imposto de renda pago pelos quatrocentos mais ricos dos Estados Unidos, divulgado periodicamente pela Receita Federal norte-americana. Os dados apresentados mostram que menos de 5% dos ganhos desses milionários advêm de pagamento de salários, enquanto 60,4% dos recebimentos ficam com ganhos de capital, que incluem os mais diversos ativos, como ações, debêntures, imóveis e bens de natureza variada.[1]

RECEITAS DOS QUATROCENTOS MAIS RICOS DOS EUA (2014)

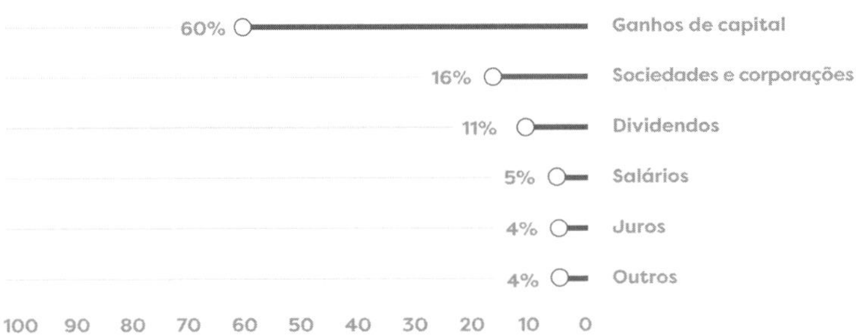

FONTE: IRS, Estados Unidos.

Estamos falando da nação mais rica do planeta e de suas maiores fortunas, mas a amostra é interessante no raciocínio da riqueza: das pessoas com muito dinheiro que você conhece, quantas vivem apenas de um emprego comum? Mesmo as que são assalariadas, o que fazem com parte do que ganham?

Trabalhar pelo lucro é melhor do que trabalhar pelo salário.

1 (IRS, 2016).

Pessoas ricas nunca possuem apenas uma fonte de renda. Elas entendem que o fluxo de receita não pode vir apenas de um canal e estão atentas a todas as oportunidades de fazer o dinheiro trabalhar por elas, seja por meio de investimentos ou da criação de negócios.

Sabendo disso, devemos ao longo da vida estudar maneiras de criar nossos próprios multicanais de receita. Como explicado ao longo deste livro, investimentos são um belo caminho para isso, mas empreender deve estar no radar de todos que almejam ganhos realmente maiores. E mesmo para os que dizem não possuir uma "veia empreendedora" ou que é quase impossível ampliar suas entradas de capital, ponderar sobre o tema com perspicácia e entusiasmo é preponderante para quebrar paradigmas e entender que todo mundo pode, sim, começar um novo negócio, mesmo quando não possui capital para investir.

Algumas páginas atrás, falamos sobre habilidades e talentos de cada um. E, no empreendedorismo, vale a mesma lógica: você de fato possui alguma habilidade e competência que a maioria das outras pessoas não tem, mas gostaria de possuir. E, por conta disso, elas estão dispostas a pagar para que você as ensine a ter essa competência, ou até mesmo que faça por elas algo que sozinhas não conseguiriam.

Exemplos de competências individuais não faltam: ser organizado, saber administrar bem o tempo, ser bom em finanças pessoais, saber falar em público, ter facilidade com outros idiomas. A lista é infinita e pode estar muito ligada, incialmente, a um hobby: saber cozinhar bem, fazer um artesanato diferente, escrever poemas nas horas vagas, fazer exercícios de maneira correta e manter um corpo saudável, e assim por diante. Você sempre fará algo melhor do que alguma parcela de pessoas, e olhar para sua habilidade como um mecanismo para a riqueza pode ajudar você a construir uma ponte que o conecta ao empreendedorismo.

Num primeiro momento, você pode simplesmente ensinar aos outros o que sabe fazer. Por exemplo, oferecer consultoria financeira a amigos ou dar aulas de algum idioma. Cozinhar para fora nos finais de semana, oferecer mentoria em planejamento pessoal. Se você já tem capital para investir, pode ser o momento de abrir aquele café que tanto sonha, ou uma academia, uma pousada, um comércio de roupas. Nunca pense no meio como o fim, grandes empresas começaram, muitas vezes, de projetos de garagem.

Certa vez, ao debater nas redes sociais sobre habilidades que poderiam ser aplicadas ao empreendedorismo, recebi um comentário em tom de brincadeira:

— Eu não tenho habilidade nenhuma. Só tenho habilidade de dormir.

Na hora todos riram, mas, se pararmos para pensar, até dormir não deixa de ser uma baita aptidão. Quantas pessoas no mundo não gostariam de dormir bem e não conseguem? Será que dessa sua aptidão poderia vir alguma ideia de negócio?

E se você ainda não encontrou mesmo um caminho claro para o empreendedorismo, saiba que existe ainda um batalhão de outras pessoas com boas ideias, mas pouca capacidade de implementá-las ou vendê-las. Unir-se a elas pode ser sua maneira de empreender, seja numa sociedade ou até nas chamadas franquias, modelo de negócio que vem formatado e possui *benchmarking* naquele determinado setor, diminuindo os riscos da operação. Nesse modelo de negócios, você estará pagando um pedágio ao dono original da ideia, mas essa associação pode ser um facilitador para muitas pessoas que não se sentem confortáveis em empreender sozinhas em um primeiro momento.

O que você faz quando não está trabalhando deveria ser seu trabalho. Pense em como você aproveita o tempo livre e se há espaço para monetizar algo dentro dele. Seu estilo de vida pode conter alguma motivação que sirva de porta de entrada para ofícios que têm muito valor.

O autor norte-americano Napoleon Hill, um dos pioneiros nos estudos sobre a construção de riqueza, acreditava que encontrar esse propósito é uma das leis do sucesso. Mas será que é possível "criar" um propósito a partir do nada, se ainda somos muito jovens ou não temos certeza do que realmente gostaríamos de ter na nossa vida?

Em 2017, viajei para diversos países com a intenção de entrevistar as pessoas mais bem-sucedidas do mundo, alguns já bilionários, para meu projeto O Código da Riqueza. Questionei-os justamente sobre esse tema e se, mesmo a muitos anos de conseguirem ter sucesso, já se imaginavam obtendo bons resultados no futuro. Todos disseram que jamais haviam imaginado estar na posição em que se encontravam e muito menos tinham um propósito claro. Mas será então que Napoleon Hill estava errado?

Voltei a pensar sobre como construí minha carreira. Eu estava na faculdade, não sabia exatamente o que queria fazer, mas logo me tornei um apaixonado por investimentos. Meu primeiro contato com essa área foram os incríveis filmes a que eu assistia na época de escola, como o aclamado *À procura da felicidade*, protagonizado por Will Smith, ou o pungente *Wall Street*, estrelado por Charlie Sheen.

O que parecia um mundo muito distante se aproximou de mim quando, em uma palestra promovida pelo meu curso, um rapaz de terno apresentou aos estudantes o funcionamento da Bolsa de Valores e as possibilidades que existiam para quem quisesse se tornar investidor. Quase ninguém prestou atenção ao que era ensinado, mas eu fiquei vidrado quando foi feita uma projeção de juros compostos. Como poderia um investimento de 10 mil reais hoje se transformar em 10 milhões de reais no futuro se você investisse bem seu capital?

Esses números ativaram uma paixão e vontade de aprender, que mexeu com minha ambição, meu cérebro, meus sonhos e com tudo o que era possível. Tenho certeza de que foi ali que começou minha história como empreendedor, mesmo que naquela época eu ainda não fizesse ideia de aonde aquele gosto pelos números poderia me levar.

E minha primeira empreitada real nessa área não foi das mais promissoras. Recebi de meus pais um grande incentivo, 5 mil reais, para que eu aprendesse a me virar e criar oportunidades para buscar minha independência. Minha primeira ideia foi ir junto com meu pai conversar com o gerente do banco onde eles tinham conta.

Lembro até hoje da minha ingenuidade e da cara de pau do gerente:

— Coloque todo este dinheiro na poupança. Ele vai render bem e, no futuro, você poderá viver de rendimentos.

E foi o que fiz. Segui ordens de alguém que, por mais que estivesse representando uma grande corporação, não estava com o futuro em jogo. Sendo jovem, logo fiquei impaciente e, após alguns poucos cálculos, percebi que o discurso sobre ficar rico com a poupança não fazia sentido algum. E parti de cara, sem me planejar, para o extremo oposto, a renda variável.

Saquei com confiança tudo o que tinha e me apeguei ao que lembrava dos filmes. Aqueles engravatados cheios de dinheiro, investindo em negócios absurdos na Bolsa de Valores e rapidamente construindo fortunas. Com ganância e sem preparo, corri para abrir minha primeira conta em corretora e fiz diversos aportes sem nenhum embasamento teórico de mercado.

Em poucos dias, houve uma turbulência na Bolsa e me vi desesperado, com o pequeno patrimônio que tinha se transformando em poeira. No afã de conquistar tudo muito rápido, realizei operações de alto risco no mercado de opções, sem fazer ideia do que isso representava. E perdi tudo, de uma vez.

Confesso que minha primeira reação foi ficar desolado, mas logo me dei conta de que haveria outro caminho a ser trilhado, e por ele passava o estudo e a paciência. E me afundei em apostilas e cursos, obtendo certificações financeiras e correndo atrás do meu primeiro emprego no mercado financeiro, que depois me guiou para o empreendedorismo. Dessa minha empreitada, absorvi oito grandes aprendizados.

1 Você vai querer o caminho mais fácil

Antes de conseguir minha primeira vaga no mercado financeiro, fiz entrevista em todos os bancos de investimentos que você pode imaginar e dos quais eu tinha ouvido falar, seja no trabalho ou até mesmo naqueles filmes famosos do setor: Credit Suisse Hedging-Griffo, Goldman Sachs, Itaú BBA, entre tantos outros. Fui negado em todos.

Em um desses grandalhões do mercado, inclusive, fui chamado para uma entrevista, que foi agressiva e pouco receptiva a um jovem que estava ali animado para conquistar um trabalho. Eu havia sido humilhado pelo diretor que me entrevistara. Sem rodeios, ele disse de forma ríspida que, por cursar uma faculdade reconhecida apenas na área de marketing, sem tradição no mercado financeiro, eu estava inapto para trabalhar ali.

Assim como o mercado quis me jogar para baixo, muitos tentarão dizer que você não é capaz. Mas isso não me afetou, segui olhando para frente sempre, e cada fracasso era guardado na minha estante de aprendizados sobre como reagir à desconfiança e evitar erros comuns.

A primeira oportunidade profissional chegou, e numa indústria bem diferente da qual imaginava, numa famosa fábrica de chocolates. Na gigantesca multinacional Hershey's, aproveitei cada segundo de imersão no mundo corporativo para galgar experiência, postura e bagagem, que me levariam ao meu sonho, que era o mercado financeiro.

Continuei ouvindo muitos "nãos" e cheguei a pensar que talvez o melhor seria seguir o caminho mais fácil e aceitar que deveria trabalhar apenas na indústria que primeiramente me acolheu. Mas o sonho não me deixou, e persisti nos estudos em busca de conhecimento até que, ao participar de um curso chamado Operador Mega Bolsa, promovido pela Bolsa de Valores – na época ainda BM&F Bovespa –, conheci uma pessoa que se identificou com meu projeto de vida. Ele me convidou para trabalhar com ele em uma corretora independente.

2 A oportunidade pode vir disfarçada

Temos a tendência de acreditar que toda "dieta que começa na segunda-feira" será nossa salvação, e por isso comemos sem culpa tudo o que quisermos no domingo. A segunda-feira chega, começamos bem, mas logo nos damos conta de que é mais difícil do que parece. No meu caso também foi assim.

Pensei que ao conseguir finalmente meu primeiro emprego no ramo, seria fácil, pois já estava dentro do seleto clube do "mercado financeiro". Nunca me esqueço da alegria de chegar em meu primeiro dia de trabalho, de como a sensação de vitória explodia em meu peito. Fui logo perguntar para a recepcionista onde deveria me sentar. Apesar de simpática, ela disse que não fazia ideia.

Sozinho, pedindo informação a algumas pessoas, finalmente achei minha mesa e o computador. Liguei a máquina, mas não tinha a senha corporativa. E meu cartão de acesso ao prédio, quem pode me fornecer? Ninguém sabia, e logo me vi em um caos de ansiedade. Eu perguntava qual era minha função, se alguém poderia me explicar o que eu deveria fazer. E só me respondiam:

— Vá atrás de clientes e os traga aqui para operar [comprar e vender ações].

Mas, de fato, como eu conseguiria um cliente? O que eu precisava falar para ele? Como funcionava a plataforma da corretora? E meu salário, como fica? Eu não sabia nada, e não tive um mentor para me ajudar. Quem me chamou para trabalhar já estava ocupado com outras coisas e percebi que muitos que estavam à minha volta mal tinham algum propósito para estar ali. Certo dia, cheguei a ver um colega jogando em seu celular, enquanto operações piscavam em seu terminal.

Fui absorvendo o máximo que podia, me apegando aos exemplos

bons que também havia por ali. Eu ia modelando minha forma de atuar – inconscientemente – conforme entrava em contato com alguém que eu admirava, ou fazia o oposto, ao interagir com quem não tinha bons resultados. Se alguém gritava ao telefone e mantinha uma postura ranzinza, eu me forçava a ser diferente. Havia o colega da balada, que só queria saber de festas e prazeres, e eu notava como ele ficava improdutivo em alguns momentos da semana. Mas também conheci um profissional concentrado e amistoso, sentado no fundo, que já tinha formado uma equipe, tinha fotos da família na mesa e estava sempre ganhando muito dinheiro. E ali me projetava. Comecei a observar tudo o que ele fazia, qual o jeito que conversava ao telefone, me aproximava e pedia conselhos sempre que podia.

Aos poucos, fui entendendo que precisaria convencer potenciais clientes de que eu era um ótimo "conselheiro" e "entendedor" do mercado, instigando-os a abrir a conta deles comigo. Quando esses clientes movimentassem dinheiro, entraria a comissão e eu ganharia parte da receita. Aliás, só depois de algumas semanas descobri o quanto ganharia naquele trabalho:

— Você não tem salário aqui. Só vai ganhar o que conseguir de comissão trazendo clientes novos – alguém me avisou.

Logo percebi que estava pagando para trabalhar, gastando com transporte e alimentação para correr atrás dessa figura até então desconhecida para mim, o cliente. Sem mentor, sem salário, sem amigos e sem saber o que fazer direito, passei um ano desesperador atrás de clientes.

Eu abordava ex-chefes, amigos de faculdade. Quase implorava para que eles abrissem uma conta comigo. Eu pagava almoço – com dinheiro que não tinha –, andava quilômetros a pé para não me preocupar com o custo do transporte, mas tentava de todas as maneiras trazer alguém para a corretora. Lembro que durante meu primeiro ano de trabalho captei cerca de 100 mil reais. Era muito difícil e solitário, um aprendizado doído, cujo propósito final começava a tomar forma.

E logo algo deu muito certo. A empresa solicitou que eu obtivesse uma certificação específica para trabalhar como corretor, e, assim como em outros cursos, me dediquei e fui aprovado. Adicionei essa habilidade ao meu currículo disponível no LinkedIn e em pouquíssimo tempo fui chamado para uma nova entrevista de emprego, desta vez em uma corretora ligada à XP Investimentos. Ou seja, se eu não tivesse persistido, mesmo em um ambiente tão hostil, talvez eu nunca tivesse recebido o convite que mudou completamente meu futuro no mundo dos negócios.

3 Trabalhe para aprender

Em meu trabalho no escritório ligado à XP Investimentos, percebi que eles atuavam em um nível de profissionalismo muito mais elevado – e arrojado – do que eu estava acostumado. Ao ser aprovado, eles me deram duas opções de salário: trabalhar por uma comissão polpuda ou receber um variável baixo, mas com um salário fixo. Eu, inocente, logo respondi que preferia ter, pelo menos, uma renda garantida. O funcionário ironicamente disse:

— Se você não acredita que vai conseguir resultado, por que será mesmo que eu estou te contratando?

Imediatamente mudei minha opinião e disse que preferia trabalhar apenas por comissão. Afinal, fazia sentido. Eu tinha batalhado muito para estar ali, me preparei com estudos e certificações. Se eu tinha confiança que era bom, queria ganhar o máximo possível sobre o meu resultado.

O único problema é que, talvez, eu passasse muito tempo trabalhando sem receber quase nada, pois ainda estava adquirindo experiência. E foi o que aconteceu, mas o jogo logo foi virando. Brigar para ganhar 1 mil ou 2 mil reais a mais ali no começo seria muito pouco em comparação ao valor que eu poderia alcançar no futuro. Ali, aprendi boa parte do que sei hoje em relação a como encantar, prospectar e abrir a conta de um cliente. Se eu trabalhasse por dinheiro apenas, acabaria vendendo minha hora para alguém que ganharia mais dinheiro com meu trabalho, e só isso. Eu não sou um vendedor de horas.

4 Escala

Em pouco tempo, aprendi muito e desenvolvi minha forma de trabalhar, começando a me destacar como o melhor assessor do escritório.

Eu captava muitos clientes, das mais diversas formas que encontrava. Os meus primeiros grandes clientes, por exemplo, vieram da faculdade. Não eram os alunos, mas sim os pais deles. Nessa fase, eu já estava conseguindo me sustentar com as comissões e começava a vislumbrar uma projeção de carreira, o que no início é muito mais importante do que o salário em si.

Meus amigos de faculdade, que haviam optado por estágios comuns, estavam há um certo tempo ganhando mais do que eu, e zombavam:

— Olha o mendigo de cliente vindo aí!

A essa altura, o jogo começava a virar silenciosamente. Eu sabia que meu resultado com comissões começava a ultrapassar o que eles ganhavam de salário fixo.

Meu próximo salto foi abraçar um serviço que apareceu no escritório e, aparentemente, ninguém estava com vontade de fazer. O mercado de investimentos no Brasil era ainda mais desconhecido do que hoje, e a única coisa que as pessoas faziam era investir na poupança. Por conta disso, a XP Investimentos começou a fortalecer suas plataformas de educação financeira, com a meta de ensinar ao maior número de pessoas como outros tipos de aplicações poderiam oferecer melhores rendimentos.

Nesse movimento, os escritórios de investimentos ligados à XP foram instigados a organizar turmas para dar palestras, fornecer conteúdo educativo e, por consequência, oferecer a assessoria de investimentos. A ideia chegou ao escritório onde eu trabalhava e foi passando de mão em mão. Ninguém se sentia preparado para falar em público, ou não comprava a ideia, ou estava ocupado demais para pensar nisso. Chegou até mim, e fui o primeiro a aceitar. Afinal, a gente nunca pode descartar uma oportunidade sem ao menos ver quais resultados ela traz na prática.

Ter sido proativo e aceitado a proposta fez com que eu desse um passo muito importante, que foi o de conhecer o poder da escala nos negócios. Se antes eu precisava ligar para amigos e conhecidos, mandar diversas mensagens, marcar cafés e reuniões para, talvez, conseguir duas ou três respostas positivas, dessa vez eu oferecia algo que juntava dez pessoas de uma vez na sala. Com um detalhe: pessoas que já estavam mais abertas ao negócio. Logo percebi que meu tempo gasto era o mesmo, mas eu falava para muitas pessoas ao mesmo tempo, ganhava escala. E foi então que comecei a aumentar muito o tamanho da minha base de assessorados e, consequentemente, ganhar mais.

Um desses clientes, inclusive, criou um bom relacionamento comigo, e acabamos nos tornando amigos. Certo dia, ele me contou que tinha outro amigo, chamado Henrique, que também tinha o sonho de trabalhar no mercado financeiro. Marcamos um almoço para sermos apresentados, e percebi que Henrique não tinha o perfil correto – ou "esperado"? – para o setor.

Naquela época, Henrique trabalhava em uma montadora como operário de fábrica, montando caminhões. Não tinha formação educacional apropriada, nem bons relacionamentos que pudessem trazer contas polpudas, muito menos experiência. Mas ele queria muito, muito mesmo. Perguntei:

— Quanto você precisa ganhar de salário para trocar de emprego?

— Eu gasto quinhentos reais com alimentação e transporte – Henrique respondeu.

— E se te disser que você pode ganhar esses quinhentos reais para trabalhar comigo, o que diria?

— Aceito na hora!

E assim contratei meu primeiro funcionário. Abri mão de parte do que eu ganhava para ter Henrique do meu lado, e, enquanto ele se preparava para ter as certificações corretas, começou a trabalhar e a atrair ainda mais clientes para nossa base. Com escala, os resultados se amontoavam.

5 Tenha processos

As coisas iam bem no trabalho, mas, por decisão da chefia, o escritório fez a opção de deixar de repassar clientes para a XP Investimentos e trabalhar com um concorrente internacional do mercado, que estava chegando no país. Isso, em questão de semanas, criou uma cisão dentro da empresa, com pessoas que preferiam trabalhar no novo modelo e outras que acreditavam que ficar com a XP Investimentos era a melhor solução. O resultado foi que alguns dissidentes, inclusive eu, decidiram sair da empresa e montar um novo negócio.

Éramos cinco sócios no novo negócio; eu era o que possuía a maior carteira de clientes. Na prática, cada um fazia seu trabalho de maneira individual, com seu estilo e seus processos. Ao fim do mês, rachávamos apenas o custo de contador. Nós nos dávamos muito bem, e nunca me esqueci da primeira vez que comemoramos um excelente ciclo de receitas e realizamos o sonho de fazer uma comemoração com uma limusine.

Estávamos indo bem, tínhamos um ótimo relacionamento e os resultados apareciam. Chegamos à conclusão de que não fazia sentido cada um desempenhar a mesma função sozinho, às vezes perdendo tempo com as mesmas coisas ou deixando de criar escala em outras. Juntos, pensamos qual seria o melhor processo de trabalho para a empresa, e redesenhamos a forma de trabalhar com três grandes funções:

- *Cold call:* era quem fazia "ligações frias", ou seja, contato com listas de clientes que ainda não haviam sido testados ou talvez não tivessem nenhuma noção dos produtos que queríamos vender. Essa pessoa tinha a missão de abrir a primeira porta e marcar reuniões introdutórias.
- *Hot call:* essa pessoa ia pessoalmente até as reuniões e tinha o trabalho de convencer pessoas a abrir contas e tornarem-se nossos clientes.
- *Atendimento:* fazia o pós-venda, administrando as contas abertas com o escritório.

Com a nova estrutura, os resultados foram absurdamente maiores. Em 2015, ganhamos o prêmio Escritório Revelação, da XP Investimentos. Éramos apenas cinco garotos, mas nosso processo fez com que tivéssemos captado mais dinheiro do que escritórios com mais de trinta pessoas.

6 Leia livros

Assim como muitas pessoas, não fui educado para ser um bom leitor desde cedo e, confesso, lia muito menos do que deveria. Com a maturidade, entendemos a importância do aprendizado contínuo e da necessidade de manter-se atualizado, ventilar novas ideias e saber como outras pessoas conquistaram seus objetivos.

Os livros são ferramentas fundamentais para isso, pois abrem de maneira muito rápida novas possibilidades, pulverizam novidades no mercado e melhoram metodologias. Com meu crescimento profissional, o hábito da leitura começou a fazer parte do meu cotidiano. Muita coisa do que li em livros, mesmo em momentos de relaxamento, foi a chave para tomadas de decisão que impactaram diretamente minha vida.

Certa vez, eu estava de férias numa praia paradisíaca e tinha levado comigo o livro *Geração de valor*, de Flávio Augusto da Silva, empresário fundador da rede Wise Up e do Orlando City Soccer Club. A leitura foi tão fascinante que, ao voltar para casa, tomei a decisão de mais uma vez mudar de trabalho e montar meu próprio negócio, desta vez sozinho. Eu deixaria de ter 22,5% de participação em um negócio grande para ter 80% de uma empresa muito menor.

7 Acredite nas pessoas

O mundo dos negócios pode se mostrar muito ácido em vários momentos, até mesmo no relacionamento com as pessoas. Por ganância ou má-fé, muitas vezes somos levados por outros a trilharmos caminhos não tão produtivos, somos influenciados a tomar decisões erradas, somos passados para trás. Mas a verdade é que, como diz o célebre poema de John Donne: "Nenhum homem é uma ilha, isolado em si mesmo. Todo homem é parte do continente, um pedaço de um todo".

Sempre vamos precisar de parceiros para crescer, e quando fui montar meu escritório sozinho, o M. Nigro Investimentos, sabia que eu nunca conseguiria tirá-lo do lugar sem uma boa equipe. Até então, quem continuava ao meu lado era o Henrique, a pessoa que, pela força de vontade de fazer algo diferente, se dedicou e provou seu valor em um mercado que desconhecia totalmente. Ele sempre confiou em mim e esteve presente nos momentos mais delicados; acreditar nele desde o começo fez muita diferença em minha vida. Se eu fosse alguém sem fé no ser humano, provavelmente teria me isolado muito mais e conquistado muito menos.

Nesse mesmo momento de minha vida, entrei em contato com um antigo amigo, chamado Ricardo. Anos antes, havíamos tido uma grande desavença e brigamos. Sabia que ele estava trabalhando para um grande grupo comercial e estava buscando uma forma de voltar para o ramo de assessoria. Eu não sabia se nossos pensamentos poderiam convergir de novo, mas conversamos, e o chamei para se juntar a mim. Acreditei nele, e de fato ele estava muito mudado. Meses depois, se tornara um de meus principais sócios.

8 Mente mestra e o ambiente

Quando comecei a M. Nigro Investimentos, tínhamos pouco mais de 50 milhões de reais em custódia e éramos apenas duas pessoas. Em cerca de dois anos, nosso time reunia trinta pessoas e contava com mais de 400 milhões de reais investidos por nossos clientes. Deixamos um escritório compartilhado para ter uma sala só nossa, na avenida Paulista.

Parte desse sucesso veio de nossa metodologia de trabalho, que foi inspirada nos conceitos da chamada "mente mestra", ensinados por Napoleon Hill. Sim, aquele mesmo que citei logo no começo da história sobre minha trajetória.

Para ele, a "mente mestra" é algo que pode ser definido como a coordenação de conhecimento e esforço, em um espírito de harmonia entre duas ou mais pessoas para alcançar um propósito definido. Um de seus mais reconhecidos pensamentos gira em torno do seguinte tema:

> "É impossível que duas mentes se unam sem que criem, consequentemente, uma terceira força invisível, intangível, comparável a uma terceira mente".
>
> NAPOLEON HILL

Para Hill, o conceito da "mente mestra" é suportado por três pilares:

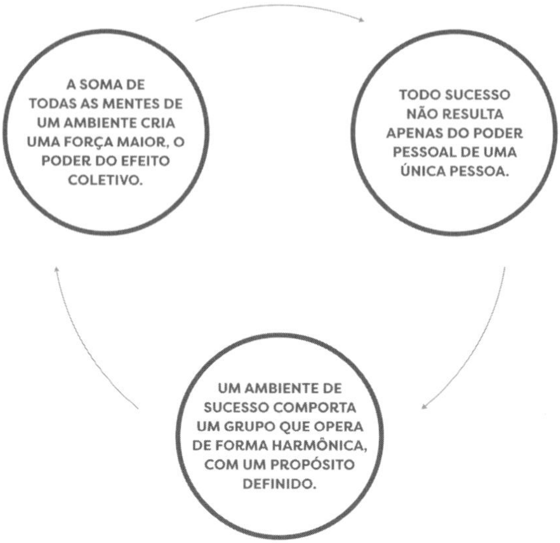

Na M. Nigro Investimentos, reunimos uma equipe de pessoas que juntas conseguiam ter um resultado muito maior do que se trabalhassem sozinhas. Adicionamos a isso um sistema de compensação meritocrático, em que todos entendiam que o resultado era o motor de receitas e só com ele poderíamos ter lucros compartilháveis. O ambiente, assim, se autoestimulava, em prol do desenvolvimento, e estimulava ideias positivas e a inovação.

Estava indo tudo muito bem, até que um grande choque me fez ir ao encontro do pensamento de Hill sobre a importância do propósito para o sucesso. Um dos meus primeiros grandes clientes faleceu, por causa de um câncer.

A notícia de sua partida foi um choque que me levou a questionar a vida como nunca havia feito. Essa pessoa tinha muito dinheiro, status e bens, mas era extremamente ocupada com o trabalho, acumulava afazeres, estava o tempo todo trabalhando para ter mais dinheiro. Ela não aplicava, na prática, o conceito de que o dinheiro deveria trabalhar por ela e não tinha uma vida totalmente plena.

E percebi que eu, assim como todo mundo à minha volta, tinha o mesmo comportamento. E foi aí que minha vontade de compartilhar conhecimento sobre investimentos, e como esse caminho pode ser libertador, se delineou como meu grande propósito de vida. Vendi meu escritório e foquei minha vida para a comunicação no mundo digital, com a criação do canal O PRIMO RICO, a primeira de várias das minhas iniciativas no campo de ensino.

Em vez de afetar 5 mil clientes, agora falo todos os meses com quase 1 milhão de pessoas sobre dinheiro, investimentos, carteiras e negócios. No fundo, ensino a elas como inverter a origem da riqueza do trabalho para o rendimento, da servidão a um emprego para a busca da liberdade financeira.

Até breve, primo

Este livro foi escrito para dizer que o sucesso não é para todos. Sim, não acredito que o sucesso chegue para quem queria permanecer apoiado em pensamentos convencionais, que não estejam dispostos a quebrar paradigmas e se sacrificar em algum determinado ponto. O sucesso não alcança quem deixa a vida levá-lo, pois somos nós que a levamos para onde quisermos. E ela sempre nos impõe decisões complicadas, uma dose de riscos. Já diz a célebre frase de Mark Zuckerberg, criador do Facebook:

"O maior risco de todos é não correr nenhum risco. Em um mundo que muda rapidamente, a única forma garantida de falhar é não correr riscos."

Nunca vi alguém super em forma sem malhar mais do que a média. Nunca vi alguém de muito conteúdo que não lesse acima da média. Nunca vi alguém gastando bem seu dinheiro sem realizar sacrifícios acima da média. Pessoas medíocres não chegam a lugar nenhum, elas sempre ficam na média da vida, dos relacionamentos, do aprendizado, do sucesso.

É ridiculamente fácil investir melhor. A grande batalha é sempre travada entre nosso cérebro e o coração. Se o coração vence, tomamos decisões que nos fazem sentir acolhidos pela massa. Com a intenção de apenas ser aceito e agradar aos outros, passamos a seguir ideias que muitas vezes são totalmente diferentes dos nossos objetivos iniciais.

Se caminhamos seguindo apenas o senso comum, vamos ganhar como a média, ter sucesso como a média. Ensinaremos nossos filhos, mais uma vez, que apenas comprar uma casa lhes dará segurança, que colocar dinheiro na poupança é melhor do que arriscar em renda variável. Sair da mediocridade, no entanto, não exige apenas de você uma mudança de mentalidade. É preciso prática, experiência, reconhecer erros e não voltar a repeti-los numa próxima oportunidade. Investir bem envolve treino, resistência, antifragilidade. É como se tornar um lutador profissional de UFC. Afinal, você sobe no ringue para uma luta com o maior campeão da temporada apenas por ter lido livros sobre luta?

Também acredito que gastar melhor sempre é possível. Tomamos decisões instintivas e, na maioria das vezes, de forma emocional, enganamos a nós mesmos sobre a importância do gasto e sua urgência naquele momento. Apesar de difícil, tirar menos dinheiro da carteira sempre vai ter um resultado positivo no fim, pois sabemos que, se bem aplicado, ele renderá muito mais no futuro. Quando o sacrifício vem acompanhado de um motivador, ele vale a pena.

Tentei também dizer aqui que economizar no café ou em centavos pode até deixar você com mais dinheiro. Mas não te deixará mais rico. Os pequenos gastos podem acabar com você se acontecerem de forma desordenada, mas é nos grandes gastos que se pode obter o impacto para toda uma vida. Decisões racionais e bem calculadas sempre aceleram o processo de enriquecimento. O segredo para não ficar pobre não está no quanto você ganha, mas sim no quanto você gasta.

Por fim, tenho certeza de que o enriquecimento acelerado sempre passa pela via de ganhar mais. Para impulsionar suas receitas, lembre-se do *sacrifício*, da *escala* e da *meritocracia*. O primeiro, porque sem ele você não consegue nem ao menos sair do sofá para trabalhar duro. A *escala*, pois sem ela não se exponencia ganhos, e *meritocracia*, pois, sem agregar valor, você não pode cobrar mais do que já recebe.

Tudo que foi proposto aqui não exige que você seja previamente rico, tenha vindo de família abastada, tenha recebido uma herança "gorda" ou que tenha tido algum estudo especial. Quem não teve oportunidades – ou desperdiçou as que teve – antes de chegar a esta leitura pode ter certeza: ainda há tempo para reescrever sua história. Sempre há tempo para alcançar os resultados que você almeja. Basta que você dê o primeiro passo, e que ele seja na direção certa.

O grande objetivo deste livro é justamente esse. Te dar a direção correta e todas as ferramentas importantes para que você conquiste seus objetivos. É a partir de agora que você passa a ter obrigação de fazer a coisa certa e, se possível, ainda compartilhar o que aprendeu com quem está à sua volta.

O meu propósito, por mais numérico e racional que possa parecer, sempre foi transmitir mensagens que apoiem as pessoas na busca por sua felicidade, e isso não se resume apenas a atingir a sua liberdade financeira. Contudo, a liberdade financeira é um grande facilitador para atingir a felicidade, inegavelmente.

Dito isso, agora deixo o bastão do meu propósito com você. Cabe não apenas a mim, mas a nós, passar o conhecimento deste livro adiante. Durante muito tempo o brasileiro foi privado da ideia de que não há complexidade em ser rico, apenas trabalho a ser feito. Mas nós precisamos dar um basta nisso. Se é verdade que o conhecimento nos liberta, já está na hora de libertarmos o Brasil da ignorância financeira.

O primeiro passo foi dado com este livro. Cabe a você dar os próximos.

REFERÊNCIAS

Aaker, D. (1998). *Marcas, Brand equity: Gerenciando o Valor da Marca.* São Paulo: Elsevier.

G1. (29 de abril de 2017). 72% das pessoas estão insatisfeitas com o trabalho, aponta pesquisa. São Paulo. Fonte: http://g1.globo.com/concursos-e-emprego/noticia/2015/04/72-das-pessoas-estao-insatisfeitas-com-o-trabalho-aponta-pesquisa.html

Gonzalez, R. H. (Março de 2009). Flexibilidade e permanência: a duração dos empregos no Brasil (1992-2006). Brasília: Universidade de Brasília. Fonte: http://repositorio.unb.br/handle/10482/7229

Inc. (8 de janeiro de 2018). This Is Why Millennials Care so Much About Work-Life Balance. Estados Unidos. Fonte: https://www.inc.com/ryan-jenkins/this-is-what-millennials-value-most-in-a-job-why.html

IRS. (Dezembro de 2016). The 400 Individual Income Tax Returns Reporting the Largest Adjusted Gross Incomes Each Year, 1992-2014. Estados Unidos. Fonte: https://www.irs.gov/pub/irs-soi/14intop400.pdf

O Globo. (15 de fevereiro de 2018). Brasil aparece na lanterna em ranking de produtividade. Rio de Janeir. Fonte: http://oglobo.globo.com/busca/click?q=produtividade+fgv&p=2&r=1530913364926&u=https%3A%2F%2Foglobo.globo.com%2Fbrasil%2Festudo-mostra-termometro-da-governabilidade-de-fh-temer-22789570&t=informacional&d=false&f=false&ss=&o=&cat=&key=0f1cf49bde282d11151fc9

O Tempo. (30 de julho de 2017). Mais da metade dos brasileiros está insatisfeita com a carreira. Belo Horizonte. Fonte: https://www.otempo.com.br/capa/economia/mais-da-metade-dos-brasileiros-est%C3%A1-insatisfeita-com-a-carreira-1.1503129

Peters, T. (1997). *The Brand Called You.* Nova York: *Fast Company.*

Revista Exame. (30 de maio de 2015). Por que cada vez mais empresas adotam o home office. São Paulo. Fonte: https://exame.abril.com.br/revista-exame/mais-trabalho-de-casa/

Stefano, S. R. (2008). Liderança e suas relações com a estratégia de gestão de pessoas e o bem-estar organizacional: um estudo comparativo em duas instituições financeiras internacionais. *Citação a Max Weber.* São Paulo: Universidade de São Paulo. Fonte: http://www.teses.usp.br/teses/disponiveis/12/12139/tde-14012009-160756/en.php

Veja. (10 de setembro de 2014). Salário dos professores brasileiros está entre os piores do mundo. São Paulo. Fonte: https://veja.abril.com.br/blog/impavido-colosso/salario-dos-professores-brasileiros-esta-entre-os-piores-do-mundo/

Agradeço a todos os primos.
Sem vocês, esse sonho não seria possível.

Este livro foi impresso em 2022, pela Eskenazi, para a HarperCollins Brasil. As fontes usadas no miolo são Garamond e Filson. O papel do miolo é Offset 75g/m², e o da capa é Cartão 250g/m².